Kuchnia Śródziemnomorska
Smaki Słońca i Morza

Karolina Nowak

Treść

śniadanie z pitą śródziemnomorską 9

hummus jajeczny 11

Babeczki fasolowe z jabłkami i rodzynkami 13

Cała bułka z cukinii 15

Naleśniki z masłem gryczanym 17

Tost z migdałami i kompotem brzoskwiniowym 17

Owocowe płatki owsiane zmieszane ze słodkim kremem waniliowym 19

Naleśniki czekoladowo-truskawkowe 22

Quiche z szynką i obranymi szparagami 24

Bułeczki z sernikiem jabłkowym 26

Zawijamy jajkiem i boczkiem 28

Babeczki Jagodowo-Pomarańczowe 30

14. Pieczone płatki owsiane z koroną imbirową i gruszkową 31

Grecki omlet warzywny 32

letni smoothie 34

Empanada z jajkiem i szynką 35

kuskus na śniadanie 37

sałatka brzoskwiniowa na śniadanie 39

solone płatki owsiane 40

tosty z jabłkami tahini 41

omlet z bazylią 42

Greckie ziemniaki i jajka. 43

Smoothie z awokado i miodem 45

warzywna frittata 46

mini wrapy z zieloną sałatą ... 48
Kuskus z curry jabłkowym ... 49
Pieczona jagnięcina i warzywa ... 50
gładka roślina ... 52
Komosa kalafiorowa ... 53
Koktajl gruszkowo-mango ... 54
Tortilla ze szpinakiem ... 55
naleśniki migdałowe ... 57
Sałatka owocowa z komosą ryżową ... 59
Koktajl truskawkowo-rabarbarowy ... 60
owsianka jęczmienna ... 61
Koktajl Dyniowo-Piernikowy ... 62
zielony sok ... 64
Smoothie z orzechami włoskimi i daktylami ... 65
Koktajl owocowy ... 66
Czekoladowy koktajl mleczny z bananami ... 67
Jogurt z jagodami, miodem i miętą ... 68
Parfait z jagodami i jogurtem ... 69
Płatki owsiane z truskawkami i pestkami słonecznika ... 70
Duże strumienie migdałów i klonu ... 71
płatki owsiane z bananami ... 73
kanapka na śniadanie ... 74
poranny kuskus ... 76
Smoothie z awokado i jabłkami ... 78
małe frittaty ... 79
Suszone pomidory Owies ... 81
Śniadanie jajeczne z awokado ... 82

Egg Brekky – Makaron z ziemniakami 83

Zupa bazyliowo-pomidorowa 85

hummus z dyni 87

muffinki z bekonem 88

sałatka faro 89

Żurawiny i kwadraty daktylowe 90

Soczewica i Cheddar Frittata 91

Kanapka z tuńczykiem 93

sałatka bez kości 94

Sałatka z ciecierzycy i cukinii 96

Sałatka z karczochów z Prowansji 98

Sałatka Bułgarska 100

sałatka falafelowa 102

Lekka sałatka grecka 104

Sałatka z rukoli z figami i orzechami włoskimi 106

Sałatka kalafiorowa z sosem tahini 108

Śródziemnomorska sałatka ziemniaczana 110

Sałatka z komosy ryżowej i pistacji 112

Sałatka z kurczakiem i ogórkiem z pikantnym dressingiem orzechowym
.... 114

Ciepła niemiecka sałatka ziemniaczana 115

patelnia warzywna 117

Zapiekanka z ryżu i bakłażana 119

Kuskus z dużą ilością warzyw 121

Kusari 123

Bulgur z pomidorami i ciecierzycą 126

makrela makrela 128

Maccheron z pomidorkami koktajlowymi i anchois 130

risotto z krewetkami cytrynowymi 132

spaghetti z ostrygami 134

Grecka zupa rybna 136

Ryż Venere z Krewetkami 138

Pennette z łososiem i wódką 140

carbonara z owoców morza 142

Garganelli z pesto z cukinii i krewetek 144

risotto z łososiem 147

Makaron z pomidorkami koktajlowymi i anchois 149

Orecchiette z brokułów i hot dog 151

Risotto z radicchio i wędzonym boczkiem 153

Genueńska Wielkanoc 155

Makaron kalafiorowy Neapol 158

Makaron i fagioli z pomarańczami i koprem włoskim 160

spaghetti z cytryną 162

Pikantny kuskus warzywny 163

Gotowany ryż doprawiony koprem włoskim 165

Marokański kuskus z ciecierzycą 167

Paella wegetariańska z fasolką szparagową i ciecierzycą 169

Krewetki czosnkowe z pomidorami i bazylią 171

ryż z krewetkami 173

Sałatka z soczewicy z oliwkami, miętą i serem feta 175

Ciecierzyca z czosnkiem i pietruszką 177

Gotowana ciecierzyca z bakłażanem i pomidorami 179

Ryż grecki z cytryną 181

Ryż z czosnkiem i ziołami 183

Śródziemnomorska sałatka ryżowa 185

Sałatka ze świeżego tuńczyka i fasoli 187

pyszny makaron z kurczakiem 189

smakowe tacos z ryżem 191

Pyszny makaron z serem 193

pilaw z ogórkiem i oliwkami 195

Risotto o smaku ziołowym 197

Pyszna wiosenna Wielkanoc 199

Pasta ze smażonej papryki 201

Serowy Czerwony Ryż Bazyliowy 203

makaron z serem 205

makaron z tuńczykiem 206

Panini z awokado i indykiem 208

Wrap z Ogórkiem, Kurczakiem i Mango 210

Fattoush – chleb z Bliskiego Wschodu 212

Bezglutenowe odmiany czosnku i pomidorów 214

Burgery z grillowanymi grzybami 216

Śródziemnomorska Baba Ganoush 218

Bułeczki wieloziarniste i bezglutenowe 220

linguine z owocami morza 222

śniadanie z pitą śródziemnomorską

Czas przygotowania: 22 minuty

czas zjeść: 3 minuty

Porcje: 2

Poziom trudności: Łatwy

Treść:

- 1/4 szklanki papryki
- 1/4 szklanki posiekanej cebuli
- 1 szklanka zamiennika jajka
- 1/8 łyżeczki soli
- 1/8 łyżeczki pieprzu
- 1 mały pomidor pokrojony w kostkę
- 1/2 szklanki posiekanego szpinaku baby
- 1-1/2 łyżeczki posiekanej świeżej bazylii
- 2 duże chleby pita
- 2 łyżki startego sera feta

Znaczniki:

Posmaruj małą patelnię z powłoką nieprzywierającą sprayem kuchennym. Dodaj cebulę i czerwoną paprykę, smaż przez 3 minuty na średnim ogniu. Dodać zamiennik jajka i doprawić solą i pieprzem. Mieszając, gotuj do miękkości. Dodać posiekany szpinak, posiekane pomidory i posiekaną bazylię. Wlać do ciast. Pokryj mieszankę warzywną masą jajeczną. Posypać pokruszoną fetą i od razu podawać.

Wartość odżywcza (na 100 g): 267 kalorii 3 g tłuszczu 41 g węglowodanów 20 g białka 643 mg sodu

hummus jajeczny

Czas przygotowania: 10 minut
czas zjeść: 0 minut
Porcje: 6
Poziom trudności: Łatwy

Treść:

- 1/4 szklanki cienko pokrojonego ogórka
- 1/4 szklanki drobno posiekanych pomidorów
- 2 łyżeczki świeżego soku z cytryny
- 1/8 łyżeczki soli
- 6 obranych jajek na twardo, przekrojonych wzdłuż na pół
- 1/3 szklanki hummusu z pieczonym czosnkiem lub dowolnego smaku hummusu
- świeża posiekana natka pietruszki (opcjonalnie)

Znaczniki:

Połącz pomidory, sok z cytryny, ogórek i sól, a następnie delikatnie wymieszaj. Z połowy jajek zeskrob żółtko i zachowaj je do późniejszego wykorzystania. Na każdą połówkę jajka nałóż dużą łyżkę hummusu. Dodaj pietruszkę i 1/2 łyżeczki mieszanki pomidorowo-ogórkowej. służyć teraz

Wartość odżywcza (na 100 g): 40 kalorii 1 g tłuszczu 3 g węglowodanów 4 g

Jajecznica z wędzonym łososiem

Czas przygotowania: 2 minuty

czas zjeść: 8 minut

Porcje: 4

Poziom trudności: średni

Treść:

- 16 uncji niezawierającego cholesterolu substytutu jaj
- 1/8 łyżeczki czarnego pieprzu
- 2 łyżki pokrojonej w plasterki zielonej cebuli, połóż na wierzchu
- 1 uncja niskotłuszczowego serka śmietankowego, pokrojonego w kostkę 1/4 cala
- 2 uncje wędzonego łososia

Znaczniki:

Schłodzony serek śmietankowy pokroić w kostkę o grubości ¼ cala i odłożyć na bok. W dużej misce wymieszaj zamiennik jajka i paprykę. Posmaruj patelnię z powłoką nieprzywierającą sprayem do gotowania na średnim ogniu. Dodaj zamiennik jajka i gotuj, od czasu do czasu mieszając i zdrapując dno patelni, przez 5 do 7 minut lub do momentu, aż zacznie twardnieć.

Dodać serek śmietankowy, szczypiorek i łososia. Kontynuuj gotowanie i mieszanie przez kolejne 3 minuty lub do momentu, gdy jajka będą nadal wilgotne, ale całkowicie ugotowane.

Wartość odżywcza (na 100 g): 100 kalorii 3 g tłuszczu 2 g węglowodanów 15 g białka 772 mg sodu

Babeczki fasolowe z jabłkami i rodzynkami

Czas przygotowania: 24 minuty
czas zjeść: 20 minut
Porcje: 12
Poziom trudności: średni

Treść:

- 1 szklanka mąki uniwersalnej
- 3/4 szklanki mąki gryczanej
- 2 łyżki brązowego cukru
- 1 1/2 łyżeczki proszku do pieczenia
- 1/4 łyżeczki proszku do pieczenia
- 3/4 szklanki maślanki o niskiej zawartości tłuszczu
- 2 łyżki oliwy z oliwek
- 1 duże jajko
- 1 szklanka świeżych jabłek, obranych, obranych i posiekanych
- 1/4 szklanki złotych rodzynek

Znaczniki:

Rozgrzej piekarnik do 375 stopni F. Nasmaruj formę do muffinów na 12 filiżanek za pomocą nieprzywierającego sprayu do gotowania lub papierowych kubków. poza. Do miski dodaj wszystkie suche składniki. poza.

Ubij płynne składniki, aż będą gładkie. Przenieść płynną mieszaninę do mieszaniny mąki i mieszać, aż zwilży się. Dodać pokrojone w kostkę jabłka i rodzynki. Każdą papilotkę napełnij ciastem do około 2/3 objętości. Gotuj, aż staną się złociste. Skorzystaj z testu wykałaczki. Podawać.

Wartość odżywcza (na 100 g): 117 kalorii 1 g tłuszczu 19 g węglowodanów 3 g białka 683 mg sodu

Cała bułka z cukinii

Czas przygotowania: 20 minut

czas zjeść: 20 minut

Porcje: 22

Poziom trudności: średni

Treść:

- 3/4 szklanki mąki uniwersalnej
- 3/4 szklanki mąki pełnoziarnistej
- 2 łyżki cukru
- 1 łyżka proszku do pieczenia
- 1/8 łyżeczki soli
- 1 łyżeczka przyprawy deserowej dyniowej
- 2 szklanki 100% płatków otrębowych.
- 1 1/2 szklanki odtłuszczonego mleka
- 2 białka jaj
- 15 uncji x 1 pudełko cukinii
- 2 łyżki oleju z awokado

Znaczniki:

Rozgrzej piekarnik do 400 stopni Fahrenheita. Przygotuj formę do muffinów wystarczająco dużą, aby pomieścić 22 babeczki i posmaruj ją nieprzywierającym sprayem do gotowania. Wymieszaj pierwsze cztery składniki, aż się połączą. poza.

Połącz mleko i otręby zbożowe w dużej misce i odstaw na 2 minuty lub do momentu, aż płatki będą miękkie. Do mieszanki otrębów dodaj olej, białko jaja i dynię i dobrze wymieszaj. Wlać do mieszaniny mąki i dobrze wymieszać.

Rozłóż równomiernie ciasto do formy na muffiny. Gotuj przez 20 minut. Zdejmij muffinki z formy i podawaj na ciepło lub na zimno.

Wartość odżywcza (na 100 g): 70 kalorii 3 g tłuszczu 14 g węglowodanów 3 g białka 484 mg sodu

Naleśniki z masłem gryczanym

Czas przygotowania: 2 minuty
czas zjeść: 18 minut
Porcje: 9
Poziom trudności: Łatwy

Treść:

- 1/2 szklanki mąki gryczanej
- 1/2 szklanki mąki uniwersalnej
- 2 łyżeczki proszku do pieczenia
- 1 łyżeczka brązowego cukru
- 2 łyżki oliwy z oliwek
- 2 duże jajka
- 1 szklanka maślanki o niskiej zawartości tłuszczu

Znaczniki:

Połącz w misce pierwsze cztery składniki. Dodaj olej, masło i jajka i mieszaj, aż składniki się dobrze połączą. Ustaw grill na średni ogień i spryskaj nieprzywierającym sprayem kuchennym. Wlać ¼ szklanki ciasta na patelnię i smażyć przez 1-2 minuty z każdej strony lub do złotego koloru. Podawaj teraz.

Wartość odżywcza (na 100 g): 108 kalorii 3 g tłuszczu 12 g węglowodanów 4 g białka 556 mg sodu

Tost z migdałami i kompotem brzoskwiniowym

Czas przygotowania: 10 minut

czas zjeść: 15 minut

Porcje: 4

Poziom trudności: Łatwy

Treść:

- kompot:
- 3 łyżki substytutu cukru na bazie sukralozy
- 1/3 szklanki + 2 łyżki wody, podzielone
- 1 1/2 szklanki świeżych brzoskwiń pokrojonych w plasterki, obranych lub zamrożonych, rozmrożonych i odsączonych
- 2 łyżki pasty z owoców brzoskwiniowych, bez dodatku cukru
- 1/4 łyżeczki mielonego cynamonu
- Tost z migdałami
- 1/4 szklanki odtłuszczonego (tłustego) mleka
- 3 łyżki substytutu cukru na bazie sukralozy
- 2 całe jajka
- 2 białka jaj
- 1/2 łyżeczki ekstraktu migdałowego
- 1/8 łyżeczki soli
- 4 kromki chleba wieloziarnistego
- 1/3 szklanki pokrojonych migdałów

Znaczniki:

Aby przygotować kompot, rozpuść 3 łyżki sukralozy w 1/3 szklanki wody w średnim rondlu ustawionym na średnim ogniu. Wmieszać brzoskwinie i doprowadzić do wrzenia. Zmniejsz ogień do średniego i kontynuuj gotowanie bez przykrycia przez kolejne 5 minut lub do momentu, aż brzoskwinie będą miękkie.

Połącz pozostały sok z puree owocowym i wmieszaj brzoskwinie na patelni. Gotuj przez kolejną minutę lub do momentu, aż syrop zgęstnieje. Zdjąć z ognia i dodać cynamon. Przykryj, aby utrzymać ciepło.

Przygotowanie torrijów Połącz mleko i sukralozę w dużej, płytkiej misce i mieszaj aż do całkowitego rozpuszczenia. Ubić białka, jajka, ekstrakt migdałowy i sól. Zanurzaj obie strony kromek chleba w mieszance jajecznej na 3 minuty lub do całkowitego nasiąknięcia. Posyp z obu stron pokrojonymi w plasterki migdałami i mocno dociśnij, aby się przykleiły.

Pokryj patelnię z powłoką nieprzywierającą sprayem do gotowania i umieść na średnim ogniu. Smażyć kromki chleba przez 2 do 3 minut z każdej strony lub do momentu, aż lekko się zarumienią. Podawać z kompotem brzoskwiniowym.

Wartość odżywcza (na 100 g): 277 kalorii 7 g tłuszczu 31 g węglowodanów 12 g białka 665 mg sodu

Owocowe płatki owsiane zmieszane ze słodkim kremem waniliowym

Czas przygotowania: 5 minut
czas zjeść: 5 minut
Porcje: 4

Poziom trudności: Łatwy

Treść:

- 2 szklanki wody
- 1 szklanka płatków owsianych szybko gotujących się
- 1 łyżka substytutu cukru na bazie sukralozy
- 1/2 łyżeczki mielonego cynamonu
- 1/8 łyżeczki soli
- <u>krem</u>
- 3/4 szklanki beztłuszczowej pół na pół
- 3 łyżki substytutu cukru na bazie sukralozy
- 1/2 łyżeczki ekstraktu waniliowego
- 1/2 łyżeczki ekstraktu migdałowego
- <u>sosy</u>
- 1 1/2 szklanki świeżych jagód
- 1/2 szklanki świeżych lub mrożonych i rozmrożonych malin

Znaczniki:

Na dużym ogniu zagotuj wodę i dodaj płatki owsiane. Podczas gdy płatki owsiane gotują się, zmniejsz ogień do średniego, bez przykrycia, 2 minuty lub do momentu, aż zgęstnieje. Zdjąć z ognia i wymieszać z substytutem cukru, solą i cynamonem. W średniej misce wymieszaj wszystkie składniki kremu, aż dobrze się połączą. Ugotowane płatki owsiane podzielić na 4 równe części i polać słodką śmietaną. Udekoruj truskawkami i podawaj.

Wartość odżywcza (na 100 g): 150 kalorii 5 g tłuszczu 30 g węglowodanów 5 g białka 807 mg sodu

Naleśniki czekoladowo-truskawkowe

Czas przygotowania: 5 minut
czas zjeść: Dziesięć minut
Porcje: 4
Poziom trudności: Łatwy

Treść:

- 1 szklanka mąki pszennej uniwersalnej
- 2/3 szklanki mleka o niskiej zawartości tłuszczu (1%)
- 2 białka jaj
- 1 jajko
- 3 łyżki cukru
- 3 łyżki niesłodzonego kakao w proszku
- 1 łyżka zimnego roztopionego masła
- 1/2 łyżeczki soli
- 2 łyżeczki oleju rzepakowego
- 3 łyżki kremu truskawkowo-jagodowego
- 3 1/2 szklanki rozmrożonych świeżych lub mrożonych truskawek, pokrojonych w plasterki
- 1/2 szklanki mrożonej, odtłuszczonej polewy, rozmrożonej
- świeże liście mięty (wg uznania)

Znaczniki:

Połącz pierwsze osiem składników w dużej misce, aż masa będzie gładka i dobrze wymieszana.

Rozgrzej ¼ łyżeczki oleju na małej patelni z powłoką nieprzywierającą na średnim ogniu. Wlej ¼ szklanki ciasta na środek i odwróć patelnię, aby przykryła ją ciastem.

Piecz przez minutę lub do momentu, aż naleśniki się zetną, a krawędzie będą suche. Przewrócić na drugą stronę i smażyć kolejne pół minuty. Powtórzyć proces z resztą mieszanki i olejem.

Połóż ¼ szklanki rozmrożonych truskawek na środku naleśnika i wyjmij je tak, aby zakryły nadzienie. Przed podaniem polej 2 łyżkami bitej śmietany i udekoruj miętą.

Wartość odżywcza (na 100 g): 334 kalorie 5 g tłuszczu 58 g węglowodanów 10 g białka 678 mg sodu

Quiche z szynką i obranymi szparagami

Czas przygotowania: 5 minut
czas zjeść: 42 minuty
Porcje: 6
Poziom trudności: Łatwy

Treść:

- 2 szklanki szparagów pokrojonych w 1/2-calowe plasterki
- 1 czerwona papryka, posiekana
- 1 szklanka mleka o niskiej zawartości tłuszczu (1%)
- 2 łyżki mąki pszennej uniwersalnej
- 4 białka jaj
- 1 jajko, całe
- 1 szklanka posiekanej gotowanej szynki
- 2 łyżki świeżego posiekanego estragonu lub bazylii
- 1/2 łyżeczki soli (opcjonalnie)
- 1/4 łyżeczki czarnego pieprzu
- 1/2 szklanki sera szwajcarskiego, drobno posiekanego

Znaczniki:

Rozgrzej piekarnik do 350 stopni F. Paprykę i szparagi w kuchence mikrofalowej w 1 łyżce wody na dużym ogniu przez 2 minuty. wylewanie Wymieszaj mąkę i mleko, następnie dodaj jajka i białka, aż dobrze się połączą. Dodaj warzywa i pozostałe składniki oprócz sera.

Wlać do foremki na muffiny o średnicy 9 cali i piec przez 35 minut. Posyp serem quiche i piecz przez kolejne 5 minut lub do momentu, aż ser się roztopi. Pozostawić do ostygnięcia na 5 minut, następnie pokroić na 6 kawałków i podawać.

Wartość odżywcza (na 100 g): 138 kalorii 1 g tłuszczu 8 g węglowodanów 13 g białka 588 mg sodu

Bułeczki z sernikiem jabłkowym

Czas przygotowania: 20 minut
czas zjeść: 15 minut
Porcje: 10
Poziom trudności: średni

Treść:

- 1 szklanka mąki uniwersalnej
- 1 szklanka mąki pełnoziarnistej, białej
- 3 łyżki cukru
- 1 1/2 łyżeczki proszku do pieczenia
- 1/2 łyżeczki soli
- 1/2 łyżeczki mielonego cynamonu
- 1/4 łyżeczki proszku do pieczenia
- 1 jabłko Granny Smith, posiekane
- 1/2 szklanki startego sera Cheddar
- 1/3 szklanki musu jabłkowego, zwykłego lub niesłodzonego
- 1/4 szklanki mleka odtłuszczonego (beztłuszczowego)
- 3 łyżki roztopionego masła
- 1 jajko

Znaczniki:

Rozgrzej piekarnik do 425 stopni F. Przygotuj blachę do pieczenia, wykładając ją pergaminem. Wszystkie suche składniki łączymy w misce i mieszamy. Wymieszaj ser i jabłko. poza. Wszystkie mokre składniki wymieszać ze sobą. Wlać do suchej mieszanki, aż składniki się połączą i powstanie lepkie ciasto.

Ciasto wyrobić około 5 razy na posypanej mąką powierzchni. Rozwiń go, a następnie zwiń w okrąg o średnicy 8 cali. Pokrój na 10 poprzecznych plasterków.

Połóż na blasze do pieczenia i spryskaj wierzch sprayem kuchennym. Piec przez 15 minut lub do momentu, aż będzie lekko złocisty. Podawać.

Wartość odżywcza (na 100 g): 169 kalorii 2 g tłuszczu 26 g węglowodanów 5 g białka 689 mg sodu

Zawijamy jajkiem i boczkiem

Czas przygotowania: 15 minut

czas zjeść: 15 minut

Porcje: 4

Poziom trudności: Łatwy

Treść:

- 1 szklanka niezawierającego cholesterolu zamiennika jajek
- 1/4 szklanki parmezanu, startego
- 2 plasterki bekonu kanadyjskiego, posiekane
- 1/2 łyżeczki ostrego sosu z czerwonej papryki
- 1/4 łyżeczki czarnego pieprzu
- 4 x 7-calowe bochenki pełnoziarniste
- 1 szklanka liści szpinaku

Znaczniki:

Rozgrzej piekarnik do 325 stopni F. Połącz pierwsze pięć składników do nadzienia. Wlać mieszaninę do 9-calowego szklanego naczynia spryskanego sprayem kuchennym o smaku masła.

Piec przez 15 minut lub do momentu, aż jajka się zetną. Wyjmij z piekarnika. Włóż chleb do piekarnika na minutę. Ugotowaną masę jajeczną podzielić na ćwiartki. Połóż ćwiartkę na środku każdej tortilli i posyp ¼ szklanki szpinaku. Aby zamknąć, złóż spód tortilli na pół, a następnie obie strony na pół. Podawaj teraz.

Wartość odżywcza (na 100 g): 195 kalorii 3 g tłuszczu 20 g węglowodanów 15 g białka 688 mg sodu

Babeczki Jagodowo-Pomarańczowe

Czas przygotowania: 10 minut

czas zjeść: 10-25 minut

Porcje: 12

Poziom trudności: średni

Treść:

- 1 3/4 szklanki mąki uniwersalnej
- 1/3 szklanki cukru
- 2 1/2 łyżeczki proszku do pieczenia
- 1/2 łyżeczki proszku do pieczenia
- 1/2 łyżeczki soli
- 1/2 łyżeczki mielonego cynamonu
- 3/4 szklanki mleka odtłuszczonego (beztłuszczowego)
- 1/4 szklanki masła
- 1 duże jajko, lekko ubite
- 3 łyżki rozmrożonego koncentratu soku pomarańczowego
- 1 łyżeczka wanilii
- 3/4 szklanki świeżych jagód

Znaczniki:

Rozgrzej piekarnik do 200 stopni F. W przypadku muffinów z fasolą i jabłkami i rodzynkami wykonaj kroki od 2 do 5. Napełnij foremki na muffinki ciastem do ¾ wysokości i piecz przez 20 do 25 minut. Pozostawić do ostygnięcia na 5 minut i podawać na gorąco.

Wartość odżywcza (na 100 g): 149 kalorii 5 g tłuszczu 24 g węglowodanów 3 g białka 518 mg sodu

14. Pieczone płatki owsiane z koroną imbirową i gruszkową

Czas przygotowania: 10 minut
czas zjeść: 15 minut
Porcje: 2
Poziom trudności: Łatwy

Treść:

- 1 szklanka płatków owsianych typu old fashioned
- 3/4 szklanki mleka odtłuszczonego (beztłuszczowego)
- 1 białko jaja
- 1 1/2 łyżeczki startego świeżego imbiru lub 3/4 łyżeczki mielonego imbiru
- 2 łyżki brązowego cukru, podzielone
- 1/2 posiekanej dojrzałej gruszki

Znaczniki:

Spryskaj 2 patelnie o pojemności 6 uncji nieprzywierającym sprayem do gotowania. Rozgrzej piekarnik do 150 stopni F. Połącz pierwsze cztery składniki i jedną łyżkę cukru, a następnie dobrze wymieszaj. Wlać równomiernie pomiędzy 2 patelnie. Na wierzch połóż plasterki gruszki i pozostałą łyżkę cukru. Piec 15 minut. Podaje się na gorąco.

Wartość odżywcza (na 100 g): 268 kalorii 5 g tłuszczu 2 g węglowodanów 10 g białka 779 mg sodu

Grecki omlet warzywny

Czas przygotowania: 10 minut
czas zjeść: 20 minut
Porcje: 2
Poziom trudności: Łatwy

Treść:

- 4 duże jajka
- 2 łyżki odtłuszczonego mleka
- 1/8 łyżeczki soli
- 3 łyżeczki oliwy z oliwek, podzielone
- 2 szklanki baby Portobello, pokrojone w plasterki
- 1/4 szklanki drobno posiekanej cebuli
- 1 szklanka świeżego szpinaku
- 3 łyżki pokruszonego sera feta
- 2 łyżki dojrzałych oliwek, pokrojonych w plasterki
- świeży czarny pieprz

Znaczniki:

Ubij pierwsze trzy składniki. Dodaj 2 łyżki oleju do patelni z powłoką nieprzywierającą ustawionej na średnim ogniu. Smaż cebulę i grzyby przez 5-6 minut lub do momentu, aż staną się złociste. Wymieszaj i ugotuj szpinak. Usuń mieszaninę z patelni.

Na tej samej patelni rozgrzej pozostały olej na średnim ogniu. Wlać masę jajeczną i gdy zacznie tężeć, docisnąć brzegi do środka, aby surowa masa spłynęła. Gdy jajka będą gotowe, odłóż mieszankę warzywną na bok. Posyp oliwkami i fetą, a następnie złóż, aby przykryć drugą stronę. Przekrój na pół i podawaj z posypką z papryki.

Wartość odżywcza (na 100 g): 271 kalorii 2 g tłuszczu 7 g węglowodanów 18 g białka 648 mg sodu

letni smoothie

Czas przygotowania: 8 minut

czas zjeść: 0 minut

Porcje: 2

Poziom trudności: Łatwy

Treść:

- 1/2 banana, obranego
- 2 szklanki truskawek przekrojonych na połówki
- 3 łyżki posiekanej mięty
- 1 1/2 szklanki wody kokosowej
- 1/2 awokado, wypestkowane i obrane
- 1 daktyl, posiekany
- kostki lodu według potrzeby

Znaczniki:

Dodaj wszystko do blendera i zmiksuj na gładką masę. Dodaj kostki lodu, aby zgęstniały i podawaj schłodzone.

Wartość odżywcza (na 100 g): 360 kalorii 12 g tłuszczu 5 g węglowodanów 31 g białka 737 mg sodu

Empanada z jajkiem i szynką

Czas przygotowania: 5 minut
czas zjeść: 15 minut
Porcje: 4
Poziom trudności: Łatwy

Treść:

- 6 jaj
- 2 szalotki, posiekane
- 1 łyżeczka oliwy z oliwek
- 1/3 szklanki wędzonej szynki, posiekanej
- 1/3 szklanki słodkiej zielonej papryki, posiekanej
- 1/4 szklanki sera brie
- Sól morska i pieprz do smaku
- 4 liście sałaty
- 2 chleby pita, pełnoziarniste

Znaczniki:

Rozgrzej oliwę z oliwek na patelni na średnim ogniu. Dodaj szalotkę i zieloną paprykę, smaż przez pięć minut, często mieszając.

Weź miskę i rozbij jajka, posyp solą i pieprzem. Upewnij się, że jajka są dobrze ubite. Jajka włóż na patelnię, następnie wymieszaj z szynką i serem. Dobrze wymieszaj i gotuj, aż mieszanina zgęstnieje. Przekrój pita na pół i otwórz kieszenie. Do każdej kieszonki wcieramy łyżeczkę musztardy i dodajemy liść sałaty. Na każdym rozsmaruj masę jajeczną i podawaj.

Wartość odżywcza (na 100 g): 610 kalorii 21 g tłuszczu 10 g węglowodanów 41 g białka 807 mg sodu

kuskus na śniadanie

Czas przygotowania: 5 minut

czas zjeść: 15 minut

Porcje: 4

Poziom trudności: średni

Treść:

- 3 szklanki mleka o niskiej zawartości tłuszczu
- 1 laska cynamonu
- 1/2 szklanki moreli, suszonych i posiekanych
- 1/4 szklanki suszonego agrestu
- 1 szklanka kuskusu, niegotowanego
- Szczypta drobnej soli morskiej
- 4 łyżeczki roztopionego masła
- 6 łyżek brązowego cukru

Znaczniki:

Rozgrzej patelnię z mlekiem i cynamonem na średnim ogniu. Gotuj przez trzy minuty, a następnie zdejmij patelnię z ognia.

Dodać morele, kuskus, sól, porzeczki i cukier. Dobrze wymieszaj, a następnie przykryj. Odłóż na bok i odstaw na piętnaście minut.

Wyjmij laskę cynamonu i rozłóż ją pomiędzy miseczkami. Przed podaniem posypać brązowym cukrem.

Wartość odżywcza (na 100 g): 520 kalorii 28 g tłuszczu 10 g węglowodanów 39 g białka 619 mg sodu

sałatka brzoskwiniowa na śniadanie

Czas przygotowania: 10 minut

czas zjeść: 0 minut

porcje: 1

Poziom trudności: Łatwy

Treść:

- 1/4 szklanki posiekanych i smażonych orzechów włoskich
- 1 łyżeczka surowego miodu
- 1 brzoskwinia, posiekana i pokrojona w plasterki
- 1/2 szklanki twarożku, bez tłuszczu, w temperaturze pokojowej
- 1 łyżka mięty, świeżej i posiekanej
- 1 cytryna, starta

Znaczniki:

Serek wiejski przełóż do miski i udekoruj plasterkami brzoskwiń i orzechami włoskimi. Skropić miodem i wymieszać z miętą.

Tuż przed podaniem posypujemy skórką z cytryny.

Wartość odżywcza (na 100 g): 280 kalorii 11 g tłuszczu 19 g węglowodanów 39 g białka 527 mg sodu

solone płatki owsiane

Czas przygotowania: 10 minut
czas zjeść: Dziesięć minut
Porcje: 2
Poziom trudności: Łatwy

Treść:

- 1/2 szklanki ciętych płatków owsianych
- 1 szklanka wody
- 1 pomidor, duży i posiekany
- 1 ogórek, posiekany
- 1 łyżka oliwy z oliwek
- Sól morska i pieprz do smaku
- Posiekana natka pietruszki do dekoracji
- Parmezan, niskotłuszczowy, świeżo starty

Znaczniki:

W rondlu na dużym ogniu zagotuj płatki owsiane z szklanką wody. Mieszaj często, aż woda całkowicie się wchłonie, zajmie to około piętnastu minut. Podzielić pomiędzy dwie miski i dodać pomidory i ogórki. Skropić oliwą z oliwek i posypać parmezanem. Przed podaniem udekoruj natką pietruszki.

Wartość odżywcza (na 100 g): 408 kalorii 13 g tłuszczu 10 g węglowodanów 28 g białka 825 mg sodu

tosty z jabłkami tahini

Czas przygotowania: 15 minut
czas zjeść: 0 minut
porcje: 1
Poziom trudności: Łatwy

Treść:

- 2 łyżki tahini
- 2 kromki pełnoziarnistego chleba, tostowe
- 1 łyżeczka surowego miodu
- 1 małe jabłko, obrane i pokrojone w cienkie plasterki

Znaczniki:

Zacznij od rozsmarowania tahini na toście, a następnie połóż jabłka na wierzchu. Przed podaniem skrop miodem.

Wartość odżywcza (na 100 g): 366 kalorii 13 g tłuszczu 9 g węglowodanów 29 g białka 686 mg sodu

omlet z bazylią

Czas przygotowania: 5 minut
czas zjeść: Dziesięć minut
Porcje: 2
Poziom trudności: Łatwy

Treść:

- 4 jajka, duże
- 2 łyżki świeżej bazylii, drobno posiekanej
- 2 łyżki startego sera Gruyere
- 1 łyżka śmietanki
- 1 łyżka oliwy z oliwek
- 2 ząbki czosnku, posiekane
- Sól morska i pieprz do smaku

Znaczniki:

Weź dużą miskę i wymieszaj bazylię, ser, śmietanę i jajka. Ubijaj, aż dobrze się połączą. Weź dużą patelnię i postaw ją na średnim ogniu i rozgrzej olej. Dodaj czosnek, smaż przez minutę. Powinien zmienić się w złoto.

Wlać mieszaninę jajek na patelnię z czosnkiem i cały czas mieszając, smażąc, aby masa była jasna i puszysta. Dobrze dopraw i podawaj na gorąco.

Wartość odżywcza (na 100 g): 360 kalorii 14 g tłuszczu 8 g węglowodanów 29 g białka 545 mg sodu

Greckie ziemniaki i jajka.

Czas przygotowania: 10 minut
czas zjeść: 30 minut
Porcje: 2
Poziom trudności: Łatwy

Treść:

- 3 pomidory, wydrążone i pokrojone na kawałki
- 2 łyżki świeżej i posiekanej bazylii
- 1 ząbek czosnku, posiekany
- 2 łyżki + ½ szklanki oliwy z oliwek, podzielone
- sól morska i pieprz do smaku
- 3 duże czerwone ziemniaki
- 4 jajka, duże
- 1 łyżeczka tymianku, świeżego i posiekanego

Znaczniki:

Weź robot kuchenny i włóż do niego pomidory, zmiksuj je ze skórką.

Dodać czosnek, dwie łyżki oliwy, sól, pieprz i bazylię. Pulsuj, aż dobrze się połączą. Umieść tę mieszaninę w rondlu i gotuj na małym ogniu przez dwadzieścia do dwudziestu pięciu minut pod zamkniętą pokrywką. Twój sos powinien być gęsty i musujący.

Drobno posiekaj ziemniaki, a następnie umieść je na patelni z ½ szklanki oliwy z oliwek, ustawionej na średnio-małym ogniu.

Smaż ziemniaki, aż będą chrupiące i złociste. Powinno to zająć pięć minut, a następnie zmniejszyć ogień do niskiego, przykrywając patelnię. Gotuj ziemniaki na parze, aż będą gotowe.

Wbij jajka do sosu pomidorowego i gotuj przez sześć minut. Twoje jaja muszą zostać złożone.

Ziemniaki zdejmij z patelni i odsącz na papierze chłonnym. Umieść je w misce. Posyp solą, pieprzem i tymiankiem, następnie podawaj jajka z ziemniakami. Całość polej przygotowanym sosem i podawaj na gorąco.

Wartość odżywcza (na 100 g): 348 kalorii 12 g tłuszczu 7 g węglowodanów 27 g białka 469 mg sodu

Smoothie z awokado i miodem

Czas przygotowania: 5 minut

czas zjeść: 0 minut

Porcje: 2

Poziom trudności: Łatwy

Treść:

- 1 1/2 szklanki mleka sojowego
- 1 awokado, duże
- 2 łyżki miodu, surowego

Znaczniki:

Połącz wszystkie składniki i wymieszaj na gładką masę i od razu podawaj.

Wartość odżywcza (na 100 g): 280 kalorii 19 g tłuszczu 11 g węglowodanów 30 g białka 547 mg sodu

warzywna frittata

Czas przygotowania: 5 minut
czas zjeść: Dziesięć minut
Porcje: 2
Poziom trudności: Łatwy

Treść:

- 1/2 bakłażana, obranego i posiekanego
- 1 garść liści szpinaku
- 1 łyżka oliwy z oliwek
- 3 jajka, duże
- 1 łyżeczka mleka migdałowego
- 1 uncja sera koziego, posiekanego
- 1/4 małej czerwonej papryki, posiekanej
- sól morska i pieprz do smaku

Znaczniki:

Zacznij od rozgrzania grilla w piekarniku, a następnie roztrzep jajka z mlekiem migdałowym. Po upewnieniu się, że ciasto jest dobrze wymieszane, wyjmij blachę żaroodporną z powłoką nieprzywierającą. Postaw na średnim ogniu, następnie dodaj oliwę z oliwek.

Gdy olej będzie gorący, dodaj jajka. Rozłóż szpinak równą warstwą na tej mieszance i wykończ pozostałymi warzywami.

Zmniejsz ogień do średniego i dopraw solą i pieprzem. Gotuj warzywa i jajka przez pięć minut. Dolna połowa jaj powinna być twarda, a warzywa miękkie. Posyp kozim serem i smaż na średnim grillu przez trzy do pięciu minut. Jajka należy ugotować, a ser roztopić. Kroimy w plastry i podajemy na gorąco.

Wartość odżywcza (na 100 g): 340 kalorii 16 g tłuszczu 9 g węglowodanów 37 g białka 748 mg sodu

mini wrapy z zieloną sałatą

Czas przygotowania: 15 minut

czas zjeść: 0 minut

Porcje: 4

Poziom trudności: Łatwy

Treść:

- 1 ogórek, posiekany
- 1 czerwona cebula, pokrojona w plasterki
- 1 uncja niskotłuszczowego twarogu, posiekanego
- 1 cytryna, sok
- 1 pomidor, posiekany
- 1 łyżka oliwy z oliwek
- 12 małych liści sałaty
- sól morska i pieprz do smaku

Znaczniki:

Połącz w misce pomidora, cebulę, fetę i ogórek. Oliwę wymieszać z wodą, dodać sól i pieprz.

Każdy arkusz napełnij mieszanką warzywną i szczelnie zawiń. Aby je połączyć przed podaniem, użyj wykałaczki.

Wartość odżywcza (na 100 g): 291 kalorii 10 g tłuszczu 9 g węglowodanów 27 g białka 655 mg sodu

Kuskus z curry jabłkowym

Czas przygotowania: 20 minut

czas zjeść: 5 minut

Porcje: 4

Poziom trudności: średni

Treść:

- 2 łyżeczki oliwy z oliwek
- 2 pory, tylko biała część, pokrojone w plasterki
- 1 marca, posiekany
- 2 łyżki curry
- 2 szklanki kuskusu, gotowanego i pełnoziarnistego
- 1/2 szklanki posiekanych orzechów włoskich

Znaczniki:

Rozgrzej olej na patelni na średnim ogniu. Dodaj pory i gotuj do miękkości, zajmie to pięć minut. Dodaj jabłko i gotuj do miękkości.

Dodać curry i kuskus i dobrze wymieszać. Zdejmij z ognia i dodaj orzechy włoskie tuż przed podaniem.

Wartość odżywcza (na 100 g): 330 kalorii 12 g tłuszczu 8 g węglowodanów 30 g białka 824 mg sodu

Pieczona jagnięcina i warzywa

Czas przygotowania: 20 minut
czas zjeść: 1 godzina 10 minut
Porcje: 8
Poziom trudności: średni

Treść:

- 1/4 szklanki oliwy z oliwek
- 1 funt chudej jagnięciny, pozbawionej kości i pokrojonej na ½-calowe kawałki
- 2 duże czerwone ziemniaki, natarte i pokrojone w kostkę
- 1 cebula, grubo posiekana
- 2 ząbki czosnku, posiekane
- 28 uncji pokrojonych w kostkę pomidorów z płynem, z puszki, niesolonych
- 2 cukinie pokrojone w ½-calowe plasterki
- 1 czerwona papryka, pozbawiona nasion i pokrojona w 1-calową kostkę
- 2 łyżki posiekanej natki pietruszki płaskolistnej
- 1 łyżka czerwonej papryki
- 1 łyżeczka tymianku
- 1/2 łyżeczki cynamonu
- 1/2 szklanki czerwonego wina
- sól morska i pieprz do smaku

Znaczniki:

Zacznij od włączenia piekarnika na 325 stopni, a następnie weź dużą rondel. Umieścić na średnim ogniu, aby podgrzać oliwę z oliwek. Gdy olej będzie gorący, usmaż jagnięcinę. Często mieszaj, aby zapobiec przypaleniu, a następnie połóż jagnięcinę na blasze do pieczenia. Usmaż czosnek, cebulę i ziemniaki na patelni do miękkości, co zajmie kolejne pięć do sześciu minut. Ułóż je również na blasze do pieczenia. Cukinię, paprykę i pomidory wrzucić na patelnię z ziołami i przyprawami. Gotuj przez kolejne dziesięć minut przed wlaniem do garnka. Wlać wino i sos chili. Dodać pomidora i przykryć folią aluminiową. Gotuj przez godzinę.

Wartość odżywcza (na 100 g): 240 kalorii 14 g tłuszczu 8 g węglowodanów 36 g białka 427 mg sodu

gładka roślina

Czas przygotowania: 20 minut
czas zjeść: 1 godzina 5 minut
Porcje: 4
Poziom trudności: średni

Treść:

- 1/2 szklanki pietruszki płaskolistnej, lekko zapakowanej
- 1/4 szklanki oliwy z oliwek
- 4 ząbki czosnku, obrane i przekrojone na pół
- 2 łyżki świeżego rozmarynu
- 2 łyżki świeżych liści tymianku
- 2 łyżki świeżej szałwii
- 2 łyżki skórki cytrynowej, świeżej
- 4 zakładki na język
- sól morska i pieprz do smaku

Znaczniki:

Rozgrzej piekarnik do 350 stopni, następnie umieść wszystkie składniki oprócz sosu w robocie kuchennym. Mieszaj, aż utworzy się gęsta pasta. Połóż steki na blasze do pieczenia i posmaruj ciastem. Pozwól im ostygnąć przez godzinę w lodówce. Gotuj przez dziesięć minut. Dopraw solą i podawaj na gorąco.

Wartość odżywcza (na 100 g): 307 kalorii 11 g tłuszczu 7 g węglowodanów 34 g białka 824 mg sodu

Komosa kalafiorowa

Czas przygotowania: 15 minut
czas zjeść: Dziesięć minut
Porcje: 4
Poziom trudności: Łatwy

Treść:

- 1 1/2 szklanki ugotowanej komosy ryżowej
- 3 łyżki oliwy z oliwek
- 3 szklanki różyczek kalafiora
- 2 szczypiorek, posiekany
- 1 łyżka octu winnego z czerwonego wina
- sól morska i pieprz do smaku
- 1 łyżka octu winnego z czerwonego wina
- 1 łyżka posiekanej kolendry
- 1 łyżka posiekanej natki pietruszki

Znaczniki:

Zacznij od podgrzania patelni na średnim ogniu. Dodaj olej. Gdy olej będzie gorący, dodaj dymkę i smaż przez około dwie minuty. Dodaj komosę ryżową i kalafior, a następnie dodaj pozostałe składniki. Dobrze wymieszaj i przykryj. Gotuj na średnim ogniu przez dziewięć minut i rozłóż na talerze.

Wartość odżywcza (na 100 g): 290 kalorii 14 g tłuszczu 9 g węglowodanów 26 g białka 656 mg sodu

Koktajl gruszkowo-mango

Czas przygotowania: 5 minut
czas zjeść: 0 minut
porcje: 1
Poziom trudności: Łatwy

Treść:

- 2 kostki lodu
- ½ szklanki zwykłego jogurtu greckiego
- ½ mango, obrane, wypestkowane i posiekane
- 1 szklanka posiekanej kapusty
- 1 gruszka, dojrzała, oczyszczona i posiekana

Znaczniki:

Mieszać aż do zgęstnienia i homogenizacji. Podaje się je na zimno.

Wartość odżywcza (na 100 g): 350 kalorii 12 g tłuszczu 9 g węglowodanów 40 g białka 457 mg sodu

Tortilla ze szpinakiem

Czas przygotowania: 10 minut
czas zjeść: 20 minut
Porcje: 4
Poziom trudności: Łatwy

Treść:

- 3 łyżki oliwy z oliwek
- 1 cebula, mała i posiekana
- 1 ząbek czosnku, posiekany
- 4 pomidory, duże, obrane i pokrojone
- 1 łyżeczka drobnej soli morskiej
- 8 jajek, jajecznica
- ¼ łyżeczki czarnego pieprzu
- 2 uncje sera feta, pokruszonego
- 1 łyżka posiekanej świeżej natki pietruszki płaskolistnej

Znaczniki:

Rozgrzej piekarnik do 400 stopni i wlej oliwę z oliwek do formy do pieczenia. Postaw patelnię na dużym ogniu, dodaj cebulę. Gotuj przez pięć do siedmiu minut. Cebula powinna być miękka.

Dodać pomidory, sól, pieprz i czosnek. Następnie gotuj kolejne pięć minut i dodaj jajecznicę. Delikatnie wymieszaj i gotuj przez trzy do pięciu minut. Należy je umieścić na dole. Włóż blachę do piekarnika i piecz przez kolejne pięć minut. Wyjmij z piekarnika, posyp natką pietruszki i fetą. Podaje się na gorąco.

Wartość odżywcza (na 100 g): 280 kalorii 19 g tłuszczu 10 g węglowodanów 31 g białka 625 mg sodu

naleśniki migdałowe

Czas przygotowania: 15 minut
czas zjeść: 15 minut
Porcje: 6
Poziom trudności: Łatwy

Treść:

- 2 szklanki mleka migdałowego, niesłodzonego, o temperaturze pokojowej
- 2 jajka, duże, w temperaturze pokojowej
- ½ szklanki roztopionego oleju kokosowego + trochę więcej do posmarowania
- 2 łyżeczki miodu, surowego
- ¼ łyżeczki drobnej soli morskiej
- ½ łyżeczki proszku do pieczenia
- 1 ½ szklanki mąki pełnoziarnistej
- ½ szklanki mąki migdałowej
- 1 ½ łyżeczki proszku do pieczenia
- ¼ łyżeczki cynamonu, mielonego

Znaczniki:

Weź dużą miskę i wymieszaj olej kokosowy, jajko, mleko migdałowe i miód, aż dobrze się wymieszają.

Weź średnią miskę i wymieszaj sodę oczyszczoną, proszek do pieczenia, mąkę migdałową, sól morską, mąkę pełnoziarnistą i cynamon. Dobrze wymieszać

Dodaj mieszaninę mąki do mieszanki mleka i dobrze wymieszaj.

Weź dużą patelnię i posmaruj ją olejem kokosowym, a następnie umieść ją na średnim ogniu. Dodaj ½ szklanki ciasta naleśnikowego.

Piec przez trzy minuty lub do momentu, aż krawędzie się zetną. Spód naleśnika powinien być złocistobrązowy, a na powierzchni powinny pękać bąbelki. Gotuj z obu stron.

Wytrzyj patelnię i powtarzaj tę czynność aż do wykorzystania całego ciasta. Pamiętaj, aby ponownie natłuścić patelnię i w razie potrzeby posypać świeżymi owocami.

Wartość odżywcza (na 100 g): 205 kalorii 16 g tłuszczu 9 g węglowodanów 36 g białka 828 mg sodu

Sałatka owocowa z komosą ryżową

Czas przygotowania: 25 minut
czas zjeść: 0 minut
Porcje: 4
Poziom trudności: Łatwy

Treść:

- 2 łyżki miodu, surowego
- 1 szklanka truskawek, świeżych i pokrojonych w plasterki
- 2 łyżki świeżego soku z cytryny
- 1 łyżeczka bazylii, świeżej i posiekanej
- 1 szklanka ugotowanej komosy ryżowej
- 1 mango, obrane, wypestkowane i posiekane
- 1 szklanka świeżych jeżyn
- 1 brzoskwinia, wypestkowana i posiekana
- 2 kiwi, obrane i pokrojone na ćwiartki

Znaczniki:

Zacznij od zmieszania soku z cytryny, bazylii i miodu w małej misce. Połącz truskawki, komosę ryżową, jeżyny, brzoskwinie, kiwi i mango w osobnej misce. Dodaj mieszaninę miodu i wymieszaj przed podaniem.

Wartość odżywcza (na 100 g): 159 kalorii 12 g tłuszczu 9 g węglowodanów 29 g białka 829 mg sodu

Koktajl truskawkowo-rabarbarowy

Czas przygotowania: 8 minut
czas zjeść: 0 minut
porcje: 1
Poziom trudności: Łatwy

Treść:

- 1 szklanka truskawek, świeżych i pokrojonych w plasterki
- 1 łodyga rabarbaru, posiekana
- 2 łyżki miodu, surowego
- 3 kostki lodu
- 1/8 łyżeczki mielonego cynamonu
- ½ szklanki zwykłego jogurtu greckiego

Znaczniki:

Zacznij od zdobycia małego rondelka i napełnienia go wodą. Doprowadzić do wrzenia na dużym ogniu, następnie dodać rabarbar. Gotuj przez trzy minuty, a następnie odcedź i przenieś do blendera.

Do blendera dodaj jogurt, miód, cynamon i truskawki. Gdy będzie gładkie, dodaj lód. Mieszaj, aż masa będzie gładka i gęsta. Ciesz się zimnem.

Wartość odżywcza (na 100 g): 201 kalorii 11 g tłuszczu 9 g węglowodanów 39 g białka 657 mg sodu

owsianka jęczmienna

Czas przygotowania: 10 minut
czas zjeść: 20 minut
Porcje: 4
Poziom trudności: Łatwy

Treść:

- 1 szklanka ziaren pszenicy
- 1 szklanka jęczmienia
- 2 szklanki mleka migdałowego, niesłodzonego, plus więcej do podania
- ½ szklanki borówek
- ½ szklanki nasion granatu
- 2 szklanki wody
- ½ szklanki orzechów laskowych, uprażonych i posiekanych
- ¼ szklanki miodu, surowego

Znaczniki:

Weź rondelek, postaw go na średnim ogniu i dodaj mleko migdałowe, wodę, ziarna jęczmienia i pszenicy. Doprowadzić do wrzenia, a następnie zmniejszyć ogień i gotować przez dwadzieścia pięć minut. Często mieszaj. Twoja fasola powinna być miękka.

Każdą porcję udekoruj jagodami, pestkami granatu, orzechami laskowymi, łyżką miodu i łyżką mleka migdałowego.

Wartość odżywcza (na 100 g): 150 kalorii 10 g tłuszczu 9 g węglowodanów 29 g białka 546 mg sodu

Koktajl Dyniowo-Piernikowy

Czas przygotowania: 15 minut

czas zjeść: 50 minut

porcje: 1

Poziom trudności: Łatwy

Treść:

- 1 szklanka mleka migdałowego, niesłodzonego
- 2 łyżeczki nasion chia
- 1 banan
- ½ szklanki puree z dyni z puszki
- ¼ łyżeczki mielonego imbiru
- ¼ łyżeczki cynamonu, mielonego
- 1/8 łyżeczki mielonej gałki muszkatołowej

Znaczniki:

Zacznij od wzięcia miski i wymieszania nasion chai z mlekiem migdałowym. Pozostaw je do namoczenia na co najmniej godzinę, ale możesz je namoczyć na noc. Przełóż je do blendera.

Dodaj pozostałe składniki, a następnie wymieszaj, aż masa będzie gładka. Podaje się je na zimno.

Wartość odżywcza (na 100 g): 250 kalorii 13 g tłuszczu 7 g węglowodanów 26 g białka 621 mg sodu

zielony sok

Czas przygotowania: 5 minut
czas zjeść: 0 minut
porcje: 1
Poziom trudności: Łatwy

Treść:

- 3 szklanki ciemnych warzyw liściastych
- 1 ogórek
- ¼ szklanki świeżych liści włoskiej pietruszki
- ¼ ananasa, pokrojonego w plasterki
- ½ zielonego jabłka
- ½ pomarańczy
- ½ cytryny
- Szczypta świeżo startego imbiru

Znaczniki:

Za pomocą sokowirówki przełóż warzywa, ogórek, pietruszkę, ananasa, jabłko, pomarańczę, cytrynę i imbir, przelej do wysokiej szklanki i podawaj.

Wartość odżywcza (na 100 g): 200 kalorii 14 g tłuszczu 6 g węglowodanów 27 g białka 541 mg sodu

Smoothie z orzechami włoskimi i daktylami

Czas przygotowania: 10 minut

czas zjeść: 0 minut

Porcje: 2

Poziom trudności: Łatwy

Treść:

- 4 daktyle, bez piersi
- ½ szklanki mleka
- 2 szklanki jogurtu, zwykłego
- 1/2 szklanki orzechów włoskich
- ½ łyżeczki cynamonu, zmielonego
- ½ łyżeczki ekstraktu waniliowego, czystego
- 2-3 kostki lodu

Znaczniki:

Wszystko wymieszaj na gładką masę i podawaj na zimno.

Wartość odżywcza (na 100 g): 109 kalorii 11 g tłuszczu 7 g węglowodanów 29 g białka 732 mg sodu

Koktajl owocowy

Czas przygotowania: 5 minut
czas zjeść: 0 minut
Porcje: 2
Poziom trudności: Łatwy

Treść:

- 2 szklanki jagód
- 2 szklanki niesłodzonego mleka migdałowego
- 1 szklanka pokruszonego lodu
- ½ łyżeczki mielonego imbiru

Znaczniki:

W blenderze umieść jagody, mleko migdałowe, lód i imbir. Przetwarzaj, aż będzie gładka.

Wartość odżywcza (na 100 g): 115 kalorii 10 g tłuszczu 5 g węglowodanów 27 g białka 912 mg sodu

Czekoladowy koktajl mleczny z bananami

Czas przygotowania: 5 minut
czas zjeść: 0 minut
Porcje: 2
Poziom trudności: Łatwy

Treść:

- 2 banany, obrane
- 1 szklanka odtłuszczonego mleka
- 1 szklanka pokruszonego lodu
- 3 łyżki niesłodzonego kakao w proszku
- 3 łyżki miodu

Znaczniki:

Połącz banana, mleko migdałowe, lód, kakao w proszku i miód w blenderze. Mieszaj, aż będzie gładkie.

Wartość odżywcza (na 100 g): 150 kalorii 18 g tłuszczu 6 g węglowodanów 30 g białka 821 mg sodu

Jogurt z jagodami, miodem i miętą

Czas przygotowania: 5 minut
czas zjeść: 0 minut
Porcje: 2
Poziom trudności: Łatwy

Treść:

- 2 szklanki beztłuszczowego, bezcukrowego jogurtu greckiego
- 1 szklanka jagód
- 3 łyżki miodu
- 2 łyżki posiekanych świeżych liści mięty

Znaczniki:

Jogurt podziel do 2 małych miseczek. Udekoruj jagodami, miodem i miętą.

Wartość odżywcza (na 100 g): 126 kalorii 12 g tłuszczu 8 g węglowodanów 37 g białka 932 mg sodu

Parfait z jagodami i jogurtem

Czas przygotowania: 5 minut

czas zjeść: 0 minut

Porcje: 2

Poziom trudności: Łatwy

Treść:

- 1 szklanka malin
- 1 ½ szklanki zwykłego, niesłodzonego jogurtu greckiego
- 1 szklanka jeżyn
- ¼ szklanki posiekanych orzechów włoskich

Znaczniki:

W 2 miskach umieść maliny, jogurt i jeżyny. Posypać orzechami.

Wartość odżywcza (na 100 g): 119 kalorii 13 g tłuszczu 7 g węglowodanów 28 g białka 732 mg sodu

Płatki owsiane z truskawkami i pestkami słonecznika

Czas przygotowania: 5 minut
czas zjeść: Dziesięć minut
Porcje: 4
Poziom trudności: Łatwy

Treść:

- 1¾ szklanki wody
- ½ szklanki niesłodzonego mleka migdałowego
- szczypta soli morskiej
- 1 szklanka płatków owsianych typu old fashioned
- ½ szklanki borówek
- ½ szklanki malin
- ¼ szklanki nasion słonecznika

Znaczniki:

W średnim rondlu zagotuj mleko migdałowe, sól morską i wodę na średnim ogniu.

Wymieszaj owies. Zmniejsz ogień do średnio-niskiego, kontynuuj mieszanie i gotuj przez 5 minut. Przykryj i odstaw płatki owsiane na kolejne 2 minuty. Dodaj jagody, maliny i nasiona słonecznika i podawaj.

Wartość odżywcza (na 100 g): 106 kalorii 9 g tłuszczu 8 g węglowodanów 29 g białka 823 mg sodu

Duże strumienie migdałów i klonu

Czas przygotowania: 5 minut
czas zjeść: Dziesięć minut
Porcje: 4
Poziom trudności: Łatwy

Treść:

- 1 ½ szklanki wody
- ½ szklanki niesłodzonego mleka migdałowego
- szczypta soli morskiej
- ½ szklanki szybkowarującego piasku
- ½ łyżeczki mielonego cynamonu
- ¼ szklanki czystego syropu klonowego
- ¼ szklanki pokrojonych migdałów

Znaczniki:

Umieść wodę, mleko migdałowe i sól morską w średnim rondlu, postaw na średnim ogniu i zagotuj.

Powoli dodawaj mąkę, ciągle mieszając drewnianą łyżką. Mieszaj, aby zapobiec tworzeniu się grudek i doprowadzaj mieszaninę do powolnego wrzenia. Zmniejsz temperaturę do średnio-niskiej. Gotuj kilka minut, regularnie mieszając, aż woda całkowicie się wchłonie. Dodać cynamon, syrop i migdały. Gotuj przez kolejną 1 minutę, mieszając.

Wartość odżywcza (na 100 g): 126 kalorii 10 g tłuszczu 7 g węglowodanów 28 g białka 851 mg sodu

płatki owsiane z bananami

Czas przygotowania: 10 minut
czas zjeść: Dziesięć minut
Porcje: 2
Poziom trudności: Łatwy

Treść:

- 1 banan, obrany i pokrojony w plasterki
- ¾ szklanki mleka migdałowego
- ½ szklanki zimnej kawy
- 2 daktyle bez nasion
- 2 łyżki proszku kakaowego
- 1 głowa Owies
- 1 ½ łyżeczki nasion chia

Znaczniki:

Używając miksera, dodaj wszystkie składniki. Dobrze przetwarzaj przez 5 minut i podawaj.

Wartość odżywcza (na 100 g): 288 kalorii 4,4 g tłuszczu 10 g węglowodanów 5,9 g białka 733 mg sodu

kanapka na śniadanie

Czas przygotowania: 5 minut
czas zjeść: 20 minut
Porcje: 4
Poziom trudności: Łatwy

Treść:

- 4 cienkie kanapki wieloziarniste
- 4 łyżeczki oliwy z oliwek
- 4 jajka
- 1 łyżka świeżego rozmarynu
- 2 C. liście szpinaku, świeże
- 1 pomidor, pokrojony w plasterki
- 1 łyżka sera feta
- Szczypta soli koszernej
- czarny pieprz

Znaczniki:

Rozgrzej piekarnik do 190 C. Posmaruj cienkie krawędzie 2 łyżeczkami. Skropić oliwą z oliwek i ułożyć na blasze do pieczenia. Włóż do piekarnika i piecz przez 5 minut lub do momentu, aż brzegi lekko się zarumienią.

Na patelni dodaj pozostałą oliwę z oliwek i rozmaryn, podgrzej na dużym ogniu. Wbij jajka jedno po drugim i umieść je na patelni. Żółtko powinno być nadal płynne, ale białko powinno się zestalić.

Żółtka rozbić szpatułką. Odwróć jajko i smaż po drugiej stronie, aż będzie gotowe. Wyjmij jajka z pieca. Ułóż tostową kanapkę na 4 oddzielnych talerzach. Boski szpinak wśród słabych.

Połóż dwa plasterki pomidora, ugotowane jajko i 1 łyżkę. Ser Feta Lekko posyp solą i pieprzem do smaku. Na wierzch ułóż pozostałe chude połówki i gotowe.

Wartość odżywcza (na 100 g): 241 kalorii 12,2 g tłuszczu 60,2 g węglowodanów 21 g białka 855 mg sodu

poranny kuskus

Czas przygotowania: 10 minut
czas zjeść: 8 minut
Porcje: 4
Poziom trudności: średni

Treść:

- 3 c. odtłuszczone mleko
- 1 głowa Kuskus pełnoziarnisty, niegotowany
- 1 laska cynamonu
- ½ moreli, pokrojonej, suszonej
- ¼ szklanki suszonego agrestu
- 6 łyżek brązowego cukru
- ¼ łyżeczki soli
- 4 łyżeczki roztopionego masła

Znaczniki:

Weź duży rondelek, połącz mleko z laską cynamonu i podgrzej na średnim ogniu. Podgrzewaj przez 3 minuty lub do momentu, aż na bokach patelni pojawią się mikropęcherzyki. Nie gotować, zdjąć z ognia, wymieszać kuskus, morele, porzeczki, sól i 4 łyżeczki. Brązowy cukier. Przykryj mieszaninę i odstaw na 15 minut.

Wyjmij i wyrzuć laskę cynamonu. Rozłóż kuskus w 4 miskach i dodaj 1 łyżeczkę. roztopione masło i ½ łyżeczki. Brązowy cukier. Gotowe do podania.

Wartość odżywcza (na 100 g): 306 kalorii 6 g tłuszczu 5 g węglowodanów 9 g białka 944 mg sodu

Smoothie z awokado i jabłkami

Czas przygotowania: 5 minut
czas zjeść: 0 minut
Porcje: 2
Poziom trudności: Łatwy

Treść:

- 3 c. szpinak
- 1 obrane zielone jabłko, posiekane
- 1 wypestkowane awokado, obrane i posiekane
- 3 łyżki nasion chia
- 1 łyżeczka miodu
- 1 mrożony banan, obrany
- 2 C. soku kokosowego

Znaczniki:

Dodaj wszystkie składniki za pomocą miksera. Dobrze wymieszaj przez 5 minut do uzyskania jednolitej konsystencji i podawaj w szklankach.

Wartość odżywcza (na 100 g): 208 kalorii 10,1 g tłuszczu 6 g węglowodanów 7 g białka 924 mg sodu

małe frittaty

Czas przygotowania: 10 minut
czas zjeść: 20 minut
Porcje: 8
Poziom trudności: Łatwy

Treść:

- 1 posiekana żółta cebula
- 1 głowa starty parmezan
- 1 posiekana żółta papryka
- 1 czerwona papryka, posiekana
- 1 posiekana cukinia
- sól i pieprz
- Odrobina oliwy z oliwek
- 8 jajecznicy
- 2 łyżki posiekanego szczypiorku

Znaczniki:

Umieść patelnię na średnim ogniu. Dolej oliwy do ognia. Dodać wszystkie składniki oprócz natki pietruszki i jajka, wymieszać. Gotuj przez około 5 minut.

Jajka włóż do formy na muffinki i dodaj szczypiorek. Rozgrzej piekarnik do 176°C. Włóż formę do muffinów do piekarnika na około 10 minut. Jajka podawaj na talerzu z smażonymi warzywami.

Wartość odżywcza (na 100 g): 55 kalorii 3 g tłuszczu 0,7 g węglowodanów 9 g białka 844 mg sodu

Suszone pomidory Owies

Czas przygotowania: 10 minut
czas zjeść: 25 minut
Porcje: 4
Poziom trudności: Łatwy

Treść:

- 3 c. To
- 1 głowa mleko migdałowe
- 1 łyżka oliwy z oliwek
- 1 głowa owies cięty stalą
- ¼ szklanki posiekanych suszonych pomidorów
- Szczypta płatków czerwonej papryki

Znaczniki:

Za pomocą rondla dodaj wodę i mleko, wymieszaj. Postaw na średnim ogniu i pozwól mu się zagotować. Postaw kolejną patelnię na średnim ogniu. Rozgrzej olej, dodaj płatki owsiane i smaż przez 2 minuty. Przenieś pomidory plus na pierwszą patelnię, następnie zamieszaj. Gotuj przez około 20 minut. Przełożyć do misek i posypać płatkami czerwonego chili. Rozrywka.

Wartość odżywcza (na 100 g): 170 kalorii 17,8 g tłuszczu 1,5 g węglowodanów 10 g białka 645 mg sodu

Śniadanie jajeczne z awokado

Czas przygotowania: 5 minut

czas zjeść: 15 minut

Porcje: 6

Poziom trudności: Łatwy

Treść:

- 1 łyżeczka sproszkowanego czosnku
- ½ łyżeczki soli morskiej
- ¼ c. Tartego parmezanu
- ¼ łyżeczki czarnego pieprzu
- 3 pestki awokado, przekrojone na pół
- 6 jaj

Znaczniki:

Przygotuj foremki na muffinki i rozgrzej piekarnik do 176 C. Oddziel awokado. Delikatnie zeskrob 1/3 miąższu, aby jajko zmieściło się w zagłębieniu awokado.

Ułóż awokado w formie do muffinów stroną do góry. Każde awokado równomiernie dopraw pieprzem, solą i czosnkiem w proszku. Do każdego wgłębienia awokado dodaj jajko i posyp serem. Piec w piekarniku około 15 minut, aż białka jaj stwardnieją. Podawaj i ciesz się.

Wartość odżywcza (na 100 g): 252 kalorie 20 g tłuszczu 2 g węglowodanów 5 g białka 946 mg sodu

Egg Brekky – Makaron z ziemniakami

Czas przygotowania: 10 minut
czas zjeść: 25 minut
Porcje: 2
Poziom trudności: Łatwy

Treść:

- 1 cukinia, posiekana
- ½ szklanki bulionu z kurczaka
- ½ kilograma lub 220 g gotowanego kurczaka
- 1 łyżka oliwy z oliwek
- 4 uncje lub 113 g krewetek
- sól i pieprz
- 1 pokrojony w kostkę słodki ziemniak
- 2 jajka
- ¼ łyżeczki papryki
- 2 łyżeczki sproszkowanego czosnku
- 1 głowa świeży szpinak

Znaczniki:

Do rondelka wlej oliwę z oliwek. Smaż krewetki, gotowanego kurczaka i słodkie ziemniaki przez 2 minuty. Dodać pieprz cayenne, proszek czosnkowy i mieszać przez 4 minuty. Dodaj cukinię i mieszaj przez kolejne 3 minuty.

Jajka ubić w misce i dodać na patelnię. Posypać solą i pieprzem. Przykryj pokrywką. Gotuj przez kolejną 1 minutę i dodaj bulion z kurczaka.

Przykryj i gotuj przez kolejne 8 minut na dużym ogniu. Dodać szpinak, mieszać kolejne 2 minuty i podawać.

Wartość odżywcza (na 100 g):198 kalorii 0,7 g tłuszczu 7 g węglowodanów 10 g białka 725 mg sodu

Zupa bazyliowo-pomidorowa

Czas przygotowania: 10 minut

czas zjeść: 25 minut

Porcje: 2

Poziom trudności: średni

Treść:

- 2 łyżki soku warzywnego
- 1 ząbek mielonego czosnku
- ½ szklanki białej cebuli
- 1 łodyga selera, posiekana
- 1 posiekana marchewka
- 3 c. pokrojone pomidory
- sól i pieprz
- 2 liście laurowe
- 1 ½ szklanki niesłodzonego mleka migdałowego
- 1/3 szkl. Liści bazylii

Znaczniki:

Bulion warzywny gotujemy w dużym rondlu na średnim ogniu. Dodaj czosnek i cebulę i smaż przez 4 minuty. Dodaj marchewkę i seler. Gotuj przez kolejną 1 minutę.

Dodać pomidory i doprowadzić do wrzenia. Gotuj przez 15 minut. Dodać mleko migdałowe, bazylię i liście laurowe. Dopraw solą i podawaj.

Wartość odżywcza (na 100 g): 213 kalorii 3,9 g tłuszczu 9 g węglowodanów 11 g białka 817 mg sodu

hummus z dyni

Czas przygotowania: 10 minut
czas zjeść: 15 minut
Porcje: 4
Poziom trudności: Łatwy

Treść:

- 2 kilogramy lub 900 g dyni, obranej i pozbawionej nasion
- 1 łyżka oliwy z oliwek
- ¼ łyżeczki tahini
- 2 łyżki soku z cytryny
- 2 ząbki posiekanego czosnku
- sól i pieprz

Znaczniki:

Rozgrzej piekarnik do 148 C. Cukinię posmaruj oliwą z oliwek. Umieścić na blasze do pieczenia w piekarniku na 15 minut. Gdy dynie będą ugotowane, dodaj je do robota kuchennego wraz z innymi składnikami.

Naciśnij, aż będzie gładka. Podawać z paluszkami marchewki i selera. Do późniejszego użycia w oddzielnych pojemnikach, oznaczyć etykietą i przechowywać w lodówce. Pozostawić do ogrzania do temperatury pokojowej przed ponownym podgrzaniem w kuchence mikrofalowej.

Wartość odżywcza (na 100 g): 115 kalorii 5,8 g tłuszczu 6,7 g węglowodanów 10 g białka 946 mg sodu

muffinki z bekonem

Czas przygotowania: 10 minut
czas zjeść: 15 minut
Porcje: 6
Poziom trudności: średni

Treść:

- 9 plasterków szynki
- 1/3 szkl. posiekanego szpinaku
- ¼ szklanki pokruszonej fety
- ½ szklanki posiekanej, pieczonej czerwonej papryki
- sól i pieprz
- 1 ½ łyżki sosu bazyliowego
- 5 jajecznicy

Znaczniki:

Nasmaruj formę do muffinów. Do każdej foremki na muffinki użyj 1 ½ plasterka szynki. Rozłóż pozostałe składniki oprócz czarnego pieprzu, soli, pesto i jajek pomiędzy pucharkami z szynką. W misce wymieszaj pieprz, sól, sos pesto i jajka. Wlać do niego przygotowaną mieszankę pieprzową. Nastaw piekarnik na 204°C i piecz około 15 minut. Podawaj teraz.

Wartość odżywcza (na 100 g): 109 kalorii 6,7 g tłuszczu 1,8 g węglowodanów 9 g białka 386 mg sodu

sałatka faro

Czas przygotowania: 10 minut
czas zjeść: 0 minut
Porcje: 2
Poziom trudności: Łatwy

Treść:

- 1 łyżka oliwy z oliwek
- sól i pieprz
- 1 pęczek małego szpinaku, posiekanego
- 1 wypestkowane awokado, obrane i posiekane
- 1 ząbek mielonego czosnku
- 2 C. gotowane farro
- ½ szklanki posiekanych pomidorków koktajlowych

Znaczniki:

Ustaw temperaturę na średnią. Wlać olej do garnka i podgrzać. Wlać resztę składników. Gotuj mieszaninę przez około 5 minut. Przełóż do naczyń i ciesz się smakiem.

Wartość odżywcza (na 100 g): 157 kalorii 13,7 g tłuszczu 5,5 g węglowodanów 6 g białka 615 mg sodu

Żurawiny i kwadraty daktylowe

Czas przygotowania: 10 minut

czas zjeść: 20 minut

Porcje: 10

Poziom trudności: Łatwy

Treść:

- 12 daktyli bez pestek, posiekanych
- 1 łyżeczka ekstraktu waniliowego
- ¼ szkl. Miód
- ½ szklanki płatków owsianych
- ¾ c. Suszone jagody
- ¼ c oleju migdałowego i roztopionego awokado
- 1 głowa pokruszone orzechy, smażone
- ¼ c. Nasiona dyni

Znaczniki:

Za pomocą miski wymieszaj wszystkie składniki do połączenia.

Blachę do pieczenia wyłóż papierem pergaminowym. Stuknij opcję miksuj w ustawieniach. Wkładamy do zamrażarki na około 30 minut. Podziel na 10 kwadratów i ciesz się smakiem.

Wartość odżywcza (na 100 g): 263 kalorie 13,4 g tłuszczu 14,3 g węglowodanów 7 g białka 845 mg sodu

Soczewica i Cheddar Frittata

Czas przygotowania: 5 minut

czas zjeść: 17 minut

Porcje: 4

Poziom trudności: Łatwy

Treść:

- 1 posiekana czerwona cebula
- 2 łyżki oliwy z oliwek
- 1 głowa gotowane słodkie ziemniaki, pokrojone w kostkę
- ¾ szkl. posiekanego na surowo
- 4 jajecznica
- ¾ szkl. gotowanej soczewicy
- 2 łyżki jogurtu greckiego
- sól i pieprz
- ½ szklanki pomidorków cherry, przekrojonych na połówki
- ¾ szkl. startego sera cheddar

Znaczniki:

Ustaw ogień na średni i zastąp go patelnią. Dolej oliwy do ognia. Dodać cebulę i smażyć około 2 minuty. Dodaj pozostałe składniki oprócz sera i jajek i gotuj przez kolejne 3 minuty. Dodać jajka, posypać serem. Gotuj kolejne 10 minut pod przykryciem.

Pokrój frittatę, włóż do misek i ciesz się smakiem.

Wartość odżywcza (na 100 g):274 kalorie 17,3 g tłuszczu 3,5 g węglowodanów 6 g białka 843 mg sodu

Kanapka z tuńczykiem

Czas przygotowania: 5 minut
czas zjeść: 5 minut
Porcje: 2
Poziom trudności: Łatwy

Treść:

- 6 oz. lub 170 g tuńczyka z puszki, odsączonego i płatkowanego
- 1 pestka awokado, obrane i rozgniecione
- 4 kromki pełnoziarnistego chleba
- Szczypta soli i pieprzu
- 1 łyżka pokruszonego sera feta
- 1 głowa młody szpinak

Znaczniki:

Za pomocą miski wymieszaj pieprz, sól, tuńczyka i ser. Rozłóż puree z awokado na kromkach chleba.

Podobnie podziel mieszaninę tuńczyka i szpinaku na 2 plasterki. Przykryj pozostałe 2 plasterki. Podawać.

Wartość odżywcza (na 100 g): 283 kalorie 11,2 g tłuszczu 3,4 g węglowodanów 8 g białka 754 mg sodu

sałatka bez kości

Czas przygotowania: 15 minut
czas zjeść: 30 minut
Porcje: 4
Poziom trudności: średni

Treść:

- <u>Sałatka</u>
- 2 ½ szklanki bulionu warzywnego
- ¾ szklanki startego sera feta
- 1 puszka ciecierzycy, odsączona
- 1 ogórek, posiekany
- 1 ½ szklanki pozbawionego kości jęczmienia perłowego
- 1 łyżka oliwy z oliwek
- ½ cebuli pokrojonej w plasterki
- 2 szklanki posiekanego szpinaku baby
- 1 szklanka pomidorków koktajlowych
- 1 ¼ szklanki wody
- <u>Sukienki:</u>
- 2 łyżki soku z cytryny
- 1 łyżka miodu
- ¼ szklanki oliwy z oliwek
- ¼ łyżeczki tymianku
- 1 szczypta chili
- ¼ łyżeczki soli

- 1 łyżka octu winnego z czerwonego wina

Znaczniki:

Rozgrzej olej na patelni. Dodaj cukinię i smaż przez minutę. Pamiętaj o regularnym mieszaniu podczas gotowania. Napełnij wodą i bulionem, następnie zagotuj. Zmniejsz ogień i gotuj na wolnym ogniu przez około 30 minut, aż zmięknie. Mak odcedź i przełóż do miski.

Dodać szpinak i wymieszać. Pozostawić do ostygnięcia na około 20 minut. Dodać ogórek, cebulę, pomidor, paprykę, ciecierzycę i ser feta. Dobrze wymieszaj, aby uzyskać dobrą mieszaninę. Cofnij się o krok i przygotuj garderobę.

Połącz wszystkie składniki dressingu i dobrze wymieszaj, aż uzyskasz gładką masę. Wlać do miski i dobrze wymieszać. Dobrze dopraw do smaku.

Wartość odżywcza (na 100 g): 365 kalorii 10 g tłuszczu 43 g węglowodanów 13 g białka 845 mg sodu

Sałatka z ciecierzycy i cukinii

Czas przygotowania: 10 minut

czas zjeść: 0 minut

Porcje: 3

Poziom trudności: Łatwy

Treść:

- ¼ szklanki octu balsamicznego
- 1/3 szklanki posiekanych liści bazylii
- 1 łyżka kaparów, odsączonych i posiekanych
- ½ szklanki startego sera feta
- 1 puszka ciecierzycy, odsączona
- 1 ząbek czosnku, posiekany
- ½ szklanki posiekanych oliwek kalamata
- 1/3 szklanki oliwy z oliwek
- ½ szklanki słodkiej cebuli, posiekanej
- ½ łyżeczki tymianku
- 1 szczypta płatków czerwonej papryki, mielonej
- ¾ szklanki posiekanej papryki
- 1 łyżka posiekanego rozmarynu
- 2 szklanki posiekanej cukinii
- Pieprz i sól do smaku

Znaczniki:

Warzywa wymieszaj w misce i dobrze zamknij.

Podaje się go w temperaturze pokojowej. Jednak aby uzyskać najlepsze rezultaty, należy wstawić miskę do lodówki na kilka godzin przed podaniem, aby smaki się połączyły.

Wartość odżywcza (na 100 g): 258 kalorii 12 g tłuszczu 19 g węglowodanów 5,6 g białka 686 mg sodu

Sałatka z karczochów z Prowansji

Czas przygotowania: 15 minut
czas zjeść: 5 minut
Porcje: 3
Poziom trudności: Łatwy

Treść:

- 9 uncji serc karczochów
- 1 łyżeczka posiekanej bazylii
- 2 ząbki czosnku, posiekane
- 1 skórka z cytryny
- 1 łyżka posiekanych oliwek
- 1 łyżka oliwy z oliwek
- ½ posiekanej cebuli
- 1 szczypta, ½ łyżeczki soli
- 2 pomidory, posiekane
- 3 łyżki wody
- ½ kieliszka białego wina
- Pieprz i sól do smaku

Znaczniki:

Rozgrzej olej na patelni. Podsmaż cebulę i czosnek. Gotuj, aż cebula stanie się przezroczysta i dodaj trochę soli. Wlać białe wino i gotować na wolnym ogniu, aż wino zredukuje się o połowę.

Dodać pokrojone pomidory, serca karczochów i wodę. Doprowadź do wrzenia, dodaj skórkę z cytryny i około ½ łyżeczki soli. Przykryj i gotuj przez około 6 minut.

Dodaj oliwki i bazylię. Dobrze dopraw i ciesz się smakiem!

Wartość odżywcza (na 100 g): 147 kalorii 13 g tłuszczu 18 g węglowodanów 4 g białka 689 mg sodu

Sałatka Bułgarska

Czas przygotowania: 10 minut
czas zjeść: 20 minut
Porcje: 2
Poziom trudności: średni

Treść:

- 2 szklanki bulguru
- 1 łyżka masła
- 1 ogórek, pokroić na kawałki
- ¼ szklanki koperku
- ¼ szklanki czarnych oliwek, przekrojonych na połówki
- 1 łyżka, 2 łyżeczki oliwy z oliwek
- 4 szklanki wody
- 2 łyżeczki czerwonego octu winnego
- Sól dla smaku

Znaczniki:

Na patelni zmieszanej z masłem i oliwą podsmażamy bulgur.

Gotuj, aż bulgur stanie się złotobrązowy i zacznie się rozpadać.

Dodaj wodę i dodaj sól. Przykryj i gotuj przez około 20 minut lub do momentu, aż bulgur będzie miękki.

W misce wymieszać kawałki ogórka z oliwą, koperkiem, octem winnym i czarnymi oliwkami. Wszystko dobrze wymieszaj.

Połączyć ogórek z kaszą bulgur.

Wartość odżywcza (na 100 g): 386 kalorii 14 g tłuszczu 55 g węglowodanów 9 g białka 545 mg sodu

sałatka falafelowa

Czas przygotowania: 15 minut
czas zjeść: 5 minut
Porcje: 2
Poziom trudności: Łatwy

Treść:

- 1 łyżka czosnku i ostry sos
- 1 łyżka sosu czosnkowo-koperkowego
- 1 opakowanie falafela wegetariańskiego
- 1 puszka hummusu
- 2 łyżki soku z cytryny
- 1 łyżka pestek oliwek kalamata
- 1 łyżka oliwy z oliwek z pierwszego tłoczenia
- ¼ szklanki posiekanej cebuli
- 2 szklanki posiekanej natki pietruszki
- 2 szklanki skórki chleba pita
- 1 szczypta soli
- 1 łyżka sosu tahini
- ½ szklanki posiekanych pomidorów

Znaczniki:

Ugotuj przygotowane falafele. Odłóż to. Przygotuj sałatkę. Wymieszaj pietruszkę, cebulę, pomidory, sok z cytryny, oliwę z oliwek i sól. Wyrzuć to wszystko i odłóż na bok. Przełóż wszystko do misek do serwowania. Dodać natkę pietruszki, posypać hummusem i falafelem. Skrop miskę sosem tahini, sosem czosnkowym i sosem koperkowym. Podczas serwowania dodać sok z cytryny i dobrze wymieszać sałatkę. Podaje się go z pitą na boku.

Wartość odżywcza (na 100 g): 561 kalorii 11 g tłuszczu 60,1 g węglowodanów 18,5 g białka 944 mg sodu

Lekka sałatka grecka

Czas przygotowania: 15 minut
czas zjeść: 0 minut
Porcje: 2
Poziom trudności: Łatwy

Treść:

- 4 uncje greckiego sera feta, posiekanego
- 5 ogórków przekrojonych wzdłuż
- 1 łyżeczka miodu
- 1 cytryna, przeżuta i starta
- 1 szklanka oliwek kalamata, wypestkowanych i przekrojonych na połówki
- ¼ szklanki oliwy z oliwek z pierwszego tłoczenia
- 1 cebula, pokrojona w plasterki
- 1 łyżeczka tymianku
- 1 szczypta świeżego tymianku (do dekoracji)
- 12 pomidorów pokrojonych w ćwiartki
- ¼ szklanki czerwonego octu winnego
- Pieprz i sól do smaku

Znaczniki:

Cebulę namoczyć w misce przez 15 minut w osolonej wodzie. W dużej misce wymieszaj miód, sok z cytryny, skórkę z cytryny, tymianek, sól i pieprz. wszystko wymieszaj. Stopniowo dodawaj oliwę z oliwek, ubijaj, aż olej stworzy emulsję. Dodaj oliwki i pomidory. napraw, dodaj ogórki

Cebulę namoczoną w osolonej wodzie odcedź i dodaj do mieszanki sałat. Posyp sałatkę świeżym tymiankiem i serem feta. Skropić oliwą i dodać do smaku czarny pieprz.

Wartość odżywcza (na 100 g): 292 kalorie 17 g tłuszczu 12 g węglowodanów 6 g białka 743 mg sodu

Sałatka z rukoli z figami i orzechami włoskimi

Czas przygotowania: 15 minut
czas zjeść: Dziesięć minut
Porcje: 2
Poziom trudności: Łatwy

Treść:

- 5 uncji rukoli
- 1 marchewka, starta
- 1/8 łyżeczki pieprzu cayenne
- 3 uncje koziego sera, posiekanego
- 1 puszka niesolonej ciecierzycy, odsączonej
- ½ szklanki suszonych fig, pokrojonych w plasterki
- 1 łyżeczka miodu
- 3 łyżki oliwy z oliwek
- 2 łyżeczki octu balsamicznego
- ½ orzecha włoskiego przekrojonego na pół
- Sól dla smaku

Znaczniki:

Rozgrzej piekarnik do 175 stopni. Połącz orzechy włoskie, 1 łyżkę oliwy z oliwek, pieprz cayenne i 1/8 łyżeczki soli na blasze do pieczenia. Włóż blachę do piekarnika i piecz orzechy laskowe, aż staną się złociste. Odłóż to, kiedy skończysz.

Do miski dodać miód, ocet balsamiczny, 2 łyżki oleju i ¾ łyżeczki soli.

Połącz rukolę, marchewkę i figi w dużej misce. Dodaj orzechy włoskie i kozi ser oraz skrop miodowo-balsamicznym winegretem. Upewnij się, że wszystko zakrywasz.

Wartość odżywcza (na 100 g): 403 kalorie 9 g tłuszczu 35 g węglowodanów 13 g białka 844 mg sodu

Sałatka kalafiorowa z sosem tahini

Czas przygotowania: 15 minut
czas zjeść: 5 minut
Porcje: 2
Poziom trudności: średni

Treść:

- 1 i pół kg kalafiora
- ¼ szklanki suszonych wiśni
- 3 łyżki soku z cytryny
- 1 łyżka świeżej mięty, posiekanej
- 1 łyżeczka oliwy z oliwek
- ½ szklanki posiekanej natki pietruszki
- 3 łyżki prażonych, solonych orzechów laskowych, posiekanych
- ½ łyżeczki soli
- ¼ szklanki szalotki, posiekanej
- 2 łyżki tahini

Znaczniki:

Zetrzyj kalafior w misce, którą można używać w kuchence mikrofalowej, dodaj oliwę z oliwek i ¼ soli. Pamiętaj, aby równomiernie pokryć i przyprawić kalafior. Przykryj miskę folią i podgrzewaj w kuchence mikrofalowej przez około 3 minuty.

Ryż z kalafiorem ułóż na blasze do pieczenia i pozostaw do ostygnięcia na około 10 minut. Dodaj sok z cytryny i szalotkę. Pozwól kalafiorowi wchłonąć jego smak.

Dodaj mieszankę tahini, wiśnie, pietruszkę, miętę i sól. Wszystko dobrze wymieszaj. Przed podaniem posypujemy prażonymi pistacjami.

Wartość odżywcza (na 100 g):165 kalorii 10 g tłuszczu 20 g węglowodanów 6 g białka 651 mg sodu

Śródziemnomorska sałatka ziemniaczana

Czas przygotowania: 15 minut
czas zjeść: Dziesięć minut
Porcje: 2
Poziom trudności: Łatwy

Treść:

- 1 pęczek listków bazylii, porwanych
- 1 ząbek czosnku, zmiażdżony
- 1 łyżka oliwy z oliwek
- 1 cebula, pokrojona w plasterki
- 1 łyżeczka tymianku
- 100 g pieczonej czerwonej papryki. plasterki
- 300 g ziemniaków, przekrojonych na pół
- 1 opakowanie pomidorków koktajlowych
- Pieprz i sól do smaku

Znaczniki:

W rondlu podsmaż cebulę. Dodać tymianek i czosnek. Gotuj wszystko przez minutę. Dodaj paprykę i pomidory. Dobrze doprawiamy, następnie gotujemy około 10 minut. Odłóż to.

Ziemniaki ugotuj w rondlu w osolonej wodzie. Piec do miękkości, około 15 minut. Dobrze filtruje. Ziemniaki wymieszać z sosem, dodać bazylię i oliwki. Na koniec wszystko wymieszaj przed podaniem.

Wartość odżywcza (na 100 g): 111 kalorii 9 g tłuszczu 16 g węglowodanów 3 g białka 745 mg sodu

Sałatka z komosy ryżowej i pistacji

Czas przygotowania: 10 minut

czas zjeść: 15 minut

Porcje: 2

Poziom trudności: Łatwy

Treść:

- ¼ łyżeczki kminku
- ½ szklanki rodzynek
- 1 łyżeczka startej skórki z cytryny
- 2 łyżki soku z cytryny
- ½ szklanki posiekanej zielonej cebuli
- 1 łyżka posiekanej mięty
- 2 łyżki oliwy z oliwek z pierwszego tłoczenia
- ¼ szklanki posiekanej natki pietruszki
- ¼ łyżeczki mielonego pieprzu
- 1/3 szklanki pistacji, posiekanych
- 1 ¼ szklanki surowej komosy ryżowej
- 1 2/3 szklanki wody

Znaczniki:

Połącz 1 2/3 szklanki wody, rodzynek i komosy ryżowej w rondlu. Gotuj wszystko, aż się zagotuje, a następnie zmniejsz ogień. Gotuj wszystko przez około 10 minut i poczekaj, aż quinoa się zagotuje. Odstaw na około 5 minut. Przełóż mieszaninę komosy ryżowej do miski. Dodać orzechy włoskie, miętę, cebulę i pietruszkę. wszystko wymieszaj. W osobnej misce połącz skórkę z cytryny, sok z cytryny, porzeczki, kminek i olej. Pokonaj ich razem. Wymieszaj suche i mokre składniki.

Wartość odżywcza (na 100 g): 248 kalorii 8 g tłuszczu 35 g węglowodanów 7 g białka 914 mg sodu

Sałatka z kurczakiem i ogórkiem z pikantnym dressingiem orzechowym

Czas przygotowania: 15 minut
czas zjeść: 0 minut
Porcje: 2
Poziom trudności: średni

Treść:

- 1/2 szklanki masła orzechowego
- 1 łyżka sambal oelek (pasty chili)
- 1 łyżka niskosodowego sosu sojowego
- 1 łyżeczka oleju sezamowego do grillowania
- W razie potrzeby 4 łyżki wody lub więcej
- 1 ogórek, obrany i pokrojony w cienkie paski
- 1 gotowany filet z kurczaka, pokrojony w cienkie paski
- 2 łyżki posiekanych orzechów laskowych

Znaczniki:

W misce wymieszaj masło orzechowe, sos sojowy, olej sezamowy, sambal oelek i wodę. Połóż plasterki ogórka na talerzu. Udekorować mielonym kurczakiem i polać sosem. Posypać posiekanymi orzeszkami ziemnymi.

Wartość odżywcza (na 100 g): 720 kalorii 54 g tłuszczu 8,9 g węglowodanów 45,9 g białka 733 mg sodu

Ciepła niemiecka sałatka ziemniaczana

Czas przygotowania: 10 minut
czas zjeść: 30 minut
Porcje: 12
Poziom trudności: średni

Treść:

- 9 obranych ziemniaków
- 6 plasterków boczku
- 1/8 łyżeczki mielonego czarnego pieprzu
- 1/2 łyżeczki nasion selera
- 2 łyżki cukru białego
- 2 łyżeczki soli
- 3/4 szklanki wody
- 1/3 szklanki destylowanego białego octu
- 2 łyżki mąki uniwersalnej
- 3/4 szklanki posiekanej cebuli

Znaczniki:

W dużym rondlu zagotuj wodę z solą. Dodaj ziemniaki i gotuj, aż będą miękkie, ale wciąż twarde, około 30 minut. Odcedzić, ostudzić i bardzo drobno posiekać. Boczek usmaż na patelni na średnim ogniu. Odcedzić, pokruszyć i odstawić. Oszczędzaj wodę do gotowania. Cebulę podsmaż na tłuszczu z boczku, aż się zrumieni.

Połącz mąkę, cukier, sól, nasiona selera i pieprz w małej misce. Dodać podsmażoną cebulę i smażyć, mieszając, aż się zagotuje, po czym zdjąć z ognia. Dodaj wodę i ocet, następnie wróć do pieca i zagotuj, ciągle mieszając. Zagotuj i wymieszaj. Powoli dodawaj plasterki boczku i ziemniaków do mieszaniny octu i wody i delikatnie mieszaj, aż ziemniaki się podgrzeją.

Wartość odżywcza (na 100 g): 205 kalorii 6,5 g tłuszczu 32,9 g węglowodanów 4,3 g białka 814 mg sodu

patelnia warzywna

Czas przygotowania: 25 minut

czas zjeść: 45 minut

Porcje: 6

Poziom trudności: średni

Treść:

- ¼ szklanki oliwy z oliwek
- 1 duża słodka cebula
- 1 duża czerwona papryka
- 1 duża zielona papryka
- 3 ząbki czosnku, drobno posiekane
- 1 łyżeczka wędzonej papryki
- 5 gałązek szafranu
- 1 cukinia, pokrojona w ½-calową kostkę
- 4 duże dojrzałe pomidory, obrane, pozbawione gniazd nasiennych i posiekane
- 1 ½ szklanki hiszpańskiego ryżu krótkoziarnistego
- 3 szklanki bulionu warzywnego, podgrzanego

Znaczniki:

Rozgrzej piekarnik do 350°F. Rozgrzej oliwę z oliwek na średnim ogniu. Dodaj cebulę oraz czerwoną i zieloną paprykę i smaż przez 10 minut.

Dodać czosnek, paprykę, nitki szafranu, cukinię i pomidory. Zmniejsz ogień do średnio-niskiego i gotuj przez 10 minut.

Wymieszaj ryż i bulion warzywny. Zwiększ ogień, aby patelnia się zagotowała. Zmień ogień na średnio niski i gotuj przez 15 minut. Przykryj naczynie folią aluminiową i włóż do piekarnika.

Gotuj przez 10 minut lub do momentu wchłonięcia bulionu.

Wartość odżywcza (na 100 g): 288 kalorii 10 g tłuszczu 46 g węglowodanów 3 g białka 671 mg sodu

Zapiekanka z ryżu i bakłażana

Czas przygotowania: 30 minut

czas zjeść: 35 minut

Porcje: 4

Poziom trudności: Trudny

Treść:

- na sos
- ½ szklanki oliwy z oliwek
- 1 mała cebula, posiekana
- 4 ząbki czosnku, posiekane
- 6 dojrzałych pomidorów, oczyszczonych i posiekanych
- 2 łyżki koncentratu pomidorowego
- 1 łyżeczka suszonego tymianku
- ¼ łyżeczki mielonej gałki muszkatołowej
- ¼ łyżeczki mielonego kminku
- do zapiekanki
- 4 (6-calowe) japońskie bakłażany, przekrojone wzdłuż na pół
- 2 łyżki oliwy z oliwek
- 1 szklanka ugotowanego ryżu
- 2 łyżki orzeszków piniowych, smażonych
- 1 szklanka wody

Znaczniki:

zrobić sos

Rozgrzej oliwę z oliwek w rondlu o grubym dnie na średnim ogniu. Dodać cebulę i smażyć przez 5 minut. Dodać czosnek, pomidor, koncentrat pomidorowy, tymianek, gałkę muszkatołową i kminek, wymieszać. Doprowadzić do wrzenia, następnie zmniejszyć ogień do małego i gotować przez 10 minut. Wróć i zarezerwuj.

zrobić gulasz

Rozgrzej grill. Podczas gdy sos się gotuje, posmaruj bakłażany oliwą z oliwek i połóż je na blasze do pieczenia. Gotuj przez około 5 minut, aż uzyskasz złocisty kolor. Wyjmij i pozwól mu ostygnąć. Rozgrzej piekarnik do 375°F. Połóż schłodzony bakłażan przekrojoną stroną do góry na blasze do pieczenia o wymiarach 9 na 13 cali. Ostrożnie wyjmij część mięsa, aby zrobić miejsce na nadzienie.

W misce wymieszaj połowę sosu pomidorowego, ugotowany ryż i orzeszki piniowe. Napełnij połowę każdego bakłażana mieszanką ryżową. Połącz pozostały ketchup i wodę w tym samym pojemniku. Polać bakłażanem. Gotuj bez przykrycia przez 20 minut, aż bakłażany będą miękkie.

Wartość odżywcza (na 100 g): 453 kalorie 39 g tłuszczu 29 g węglowodanów 7 g białka 820 mg sodu

Kuskus z dużą ilością warzyw

Czas przygotowania: 15 minut

czas zjeść: 45 minut

Porcje: 8

Poziom trudności: Trudny

Treść:

- ¼ szklanki oliwy z oliwek
- 1 posiekana cebula
- 4 ząbki czosnku, posiekane
- 2 papryczki jalapeno, kilka razy nakłute widelcem
- ½ łyżeczki mielonego kminku
- ½ łyżeczki mielonej kolendry
- 1 puszka (28 uncji) pokruszonych pomidorów
- 2 łyżki koncentratu pomidorowego
- 1/8 łyżeczki soli
- 2 liście laurowe
- 11 szklanek wody, podzielone
- 4 marchewki
- 2 cukinie, pokrojone na 2-calowe kawałki
- 1 dynia żołędziowa, przekrojona na pół, pozbawiona nasion i pokrojona w plasterki o grubości 1 cala

- 1 puszka (15 uncji) ciecierzycy, odsączona i opłukana
- ¼ szklanki pokrojonej konserwowanej cytryny (opcjonalnie)
- 3 szklanki kuskusu

Znaczniki:

W rondlu o grubym dnie rozgrzej oliwę z oliwek. Dodać cebulę i smażyć przez 4 minuty. Dodaj czosnek, papryczki jalapeno, kminek i kolendrę. Gotuj przez 1 minutę. Dodaj pomidory, koncentrat pomidorowy, sól, liście laurowe i 8 szklanek wody. Zagotuj mieszaninę.

Dodaj marchewkę, cukinię i dynię i ponownie zagotuj. Zmniejsz nieznacznie ogień, przykryj i gotuj na wolnym ogniu, aż warzywa będą miękkie, ale nie papkowate, około 20 minut. Weź 2 szklanki płynu z gotowania i zachowaj. Dopraw według potrzeby.

Dodaj ciecierzycę i konserwowane cytryny (jeśli używasz). Gotuj przez kilka minut i wyłącz ogrzewanie.

W średnim rondlu zagotuj pozostałe 3 szklanki wody na dużym ogniu. Dodać kuskus, przykryć i wyłączyć kuchenkę. Odstawiamy kuskus na 10 minut. Skropić 1 szklanką przygotowanego płynu. Rozgnieć kuskus widelcem.

Zamontuj na dużym talerzu. Skropić pozostałym płynem z gotowania. Wyjmij warzywa z garnka i połóż je na wierzchu. Pozostałą część zapiekanki podawaj w osobnej misce.

Wartość odżywcza (na 100 g): 415 kalorii 7 g tłuszczu 75 g węglowodanów 9 g białka 718 mg sodu

Kusari

Czas przygotowania: 25 minut

czas zjeść: 1 godzina 20 minut

Porcje: 8

Poziom trudności: Trudny

Treść:

- na sos
- 2 łyżki oliwy z oliwek
- 2 ząbki czosnku, posiekane
- 1 puszka (16 uncji) sosu pomidorowego
- ¼ szklanki białego octu
- ¼ szklanki harissy lub kupionej w sklepie
- 1/8 łyżeczki soli
- na ryż
- 1 szklanka oliwy z oliwek
- 2 cebule, pokrojone w cienkie plasterki
- 2 szklanki suchej brązowej soczewicy
- 4 litry plus ½ szklanki wody, podzielone

- 2 szklanki ryżu krótkoziarnistego
- 1 łyżeczka soli
- 1 kilogram krótkiego makaronu łokciowego
- 1 puszka (15 uncji) ciecierzycy, odsączona i opłukana

Znaczniki:

zrobić sos

Na patelni podgrzej oliwę z oliwek. Podsmaż czosnek. Wymieszaj sos pomidorowy, ocet, harissę i sól. Zagotuj sos. Zmniejsz ogień do małego i gotuj na wolnym ogniu przez 20 minut lub do momentu, aż sos zgęstnieje. Wróć i zarezerwuj.

zrobić ryż

Przykryj talerz papierowymi ręcznikami i odłóż na bok. Rozgrzej oliwę z oliwek na dużej patelni na średnim ogniu. Podsmaż cebulę, często mieszając, aż stanie się chrupiąca i złocista. Cebulę przełożyć do przygotowanego naczynia i odstawić. Zarezerwuj 2 łyżki oleju kuchennego. Oddziel patelnię.

Połącz soczewicę i 4 szklanki wody w rondlu ustawionym na dużym ogniu. Doprowadzić do wrzenia i gotować przez 20 minut. Odcedź i wymieszaj z zarezerwowanymi 2 łyżkami oleju kuchennego. poza. Zarezerwuj garnek.

Umieść patelnię, na której smażyłaś cebulę, na średnim ogniu i dodaj ryż, 4½ szklanki wody i sól. zagotuj. Zmniejsz ogień do małego i gotuj na wolnym ogniu przez 20 minut. Wyłącz go i pozostaw na 10 minut. Pozostałe 8 szklanek osolonej wody zagotuj na dużym ogniu w rondlu, w którym gotowałaś soczewicę. Wlać makaron i gotować przez 6 minut lub zgodnie z instrukcją na opakowaniu. Odcedź i odłóż na bok.

rozpowszechnianie się

Wyłóż pilaw na talerz. Wymieszać z soczewicą, ciecierzycą i makaronem. Skropić pikantnym sosem pomidorowym i posypać chrupiącą smażoną cebulą.

Wartość odżywcza (na 100 g): 668 kalorii 13 g tłuszczu 113 g węglowodanów 18 g białka 481 mg sodu

Bulgur z pomidorami i ciecierzycą

Czas przygotowania: 10 minut

czas zjeść: 35 minut

Porcje: 6

Poziom trudności: średni

Treść:

- ½ szklanki oliwy z oliwek
- 1 posiekana cebula
- 6 pokrojonych w kostkę pomidorów lub 1 puszka pokrojonych w kostkę pomidorów (16 uncji).
- 2 łyżki koncentratu pomidorowego
- 2 szklanki wody
- 1 łyżka Harissy lub kupiona w sklepie
- 1/8 łyżeczki soli
- 2 szklanki grubego bulguru
- 1 puszka (15 uncji) ciecierzycy, odsączona i opłukana

Znaczniki:

Rozgrzej oliwę z oliwek w rondlu o grubym dnie na średnim ogniu. Podsmaż cebulę, dodaj pomidory wraz z sokiem i gotuj przez 5 minut.

Dodać koncentrat pomidorowy, wodę, harissę i sól. ugotuj

Dodać bulgur i ciecierzycę, wymieszać. Ponownie zagotuj mieszaninę. Zmniejsz ogień do małego i gotuj przez 15 minut. Przed podaniem odstaw na 15 minut.

Wartość odżywcza (na 100 g): 413 kalorii 19 g tłuszczu 55 g węglowodanów 14 g białka 728 mg sodu

makrela makrela

Czas przygotowania: 10 minut

czas zjeść: 15 minut

Porcje: 4

Poziom trudności: Łatwy

Treść:

- Wklej 12 uncji
- 1 ząbek czosnku
- 14 uncji sosu pomidorowego
- 1 gałązka posiekanej natki pietruszki
- 2 świeże papryki
- 1 łyżeczka soli
- 7 uncji makreli w oleju
- 3 łyżki oliwy z oliwek z pierwszego tłoczenia

Znaczniki:

Zacznij od zagotowania wody w rondlu. Podczas gdy woda się nagrzewa, włóż ją do garnka, dodaj odrobinę oleju i trochę czosnku i zagotuj. Po ugotowaniu czosnku zdejmij go z patelni.

Paprykę pokroić, usunąć rdzeń i pokroić w cienkie paski.

Dodaj wodę z gotowania i pieprz do tego samego garnka, co poprzednio. Następnie weź makrelę, odsącz ją z oleju i rozbij widelcem, a następnie włóż na patelnię z pozostałymi składnikami. Dodajemy trochę wody z gotowania i delikatnie smażymy.

Gdy wszystkie składniki zostaną dobrze wymieszane, na patelnię dodajemy przecier pomidorowy. Dokładnie wymieszaj, aby wszystkie składniki się wyrównały i gotuj przez około 3 minuty.

Przejdźmy do ciasta:

Gdy woda zacznie wrzeć, dodaj sól i makaron. Gdy makaron będzie trochę al dente, odcedzamy go i dodajemy do przygotowanego sosu.

Dusić kilka minut w sosie, po skosztowaniu dodać sól i pieprz do smaku.

Wartość odżywcza (na 100 g): 510 kalorii 15,4 g tłuszczu 70 g węglowodanów 22,9 g białka 730 mg sodu

Maccheron z pomidorkami koktajlowymi i anchois

Czas przygotowania: 10 minut

czas zjeść: 15 minut

Porcje: 4

Poziom trudności: Łatwy

Treść:

- 14 uncji ciasta na makaron
- 6 solonych anchois
- 4 uncje pomidorków koktajlowych
- 1 ząbek czosnku
- 3 łyżki oliwy z oliwek z pierwszego tłoczenia
- świeży pieprz do smaku
- 3 liście bazylii
- Sól dla smaku

Znaczniki:

Podgrzej wodę na patelni i dodaj sól, gdy się zagotuje. W międzyczasie przygotuj sos: Umyte pomidory wyjmij i pokrój na 4 części.

Teraz weź patelnię z powłoką nieprzywierającą, wlej na nią odrobinę oleju i dodaj ząbek czosnku. Po ugotowaniu zdjąć z patelni. Oczyszczone anchois włóż na patelnię i rozpuść na oleju.

Gdy anchois się dobrze rozpuszczą, dodaj pokrojone pomidory i zwiększ ogień do maksimum, aż zmiękną (uważając, aby nie zmiękły za bardzo).

Dodajemy paprykę bez pestek, pokrojoną na małe kawałki i sól.

Makaron zalać wrzącą wodą, odcedzić al dente i gotować kilka minut.

Wartość odżywcza (na 100 g): 476 kalorii 11 g tłuszczu 81,4 g węglowodanów 12,9 g białka 763 mg sodu

risotto z krewetkami cytrynowymi

Czas przygotowania: 10 minut

czas zjeść: 30 minut

Porcje: 4

Poziom trudności: Łatwy

Treść:

- 1 cytryna
- 14 uncji krewetek w łupinach
- 1 ¾ szklanki ryżu do risotto
- 1 biała cebula
- 33 fl. 1 litr bulionu warzywnego (lub mniej)
- 2 ½ łyżki masła
- ½ kieliszka białego wina
- Sól dla smaku
- czarny pieprz do smaku
- szczypiorek do smaku

Znaczniki:

Zacznij od ugotowania krewetek w osolonej wodzie przez 3-4 minuty, odcedź i odłóż na bok.

Cebulę obieramy i drobno siekamy, podsmażamy na roztopionym maśle, a po wyschnięciu masła na patelni smażymy przez kilka minut ryż.

Ryż wyciśnij z połową kieliszka białego wina, następnie dodaj sok z 1 cytryny. Mieszaj i dokończ gotowanie ryżu, w razie potrzeby dodając chochlę bulionu warzywnego.

Dokładnie wymieszaj i na kilka minut przed końcem smażenia dodaj ugotowane krewetki (trochę zostaw do dekoracji) i odrobinę czarnego pieprzu.

Po zdjęciu z ognia dodać odrobinę masła i wymieszać. Risotto jest gotowe do podania. Udekoruj pozostałymi krewetkami i posyp odrobiną szczypiorku.

Wartość odżywcza (na 100 g): 510 kalorii 10 g tłuszczu 82,4 g węglowodanów 20,6 g białka 875 mg sodu

spaghetti z ostrygami

Czas przygotowania: 10 minut

czas zjeść: 40 minut

Porcje: 4

Poziom trudności: Łatwy

Treść:

- 11,5 uncji spaghetti
- 2 kilogramy ostryg
- 7 uncji sosu pomidorowego lub pasty pomidorowej do czerwonej wersji tego dania
- 2 ząbki czosnku
- 4 łyżki oliwy z oliwek z pierwszego tłoczenia
- 1 kieliszek białego wytrawnego wina
- 1 łyżka drobno posiekanej natki pietruszki
- 1 pieprz

Znaczniki:

Zacznij od umycia ostryg, nigdy ich nie „czyść", należy je otwierać jedynie pod wpływem ciepła, w przeciwnym razie ich cenne płyny wewnętrzne zostaną utracone wraz z piaskiem. Ostrygi szybko umyj durszlakiem umieszczonym w salaterce: odsączy to piasek z muszli.

Następnie odsączone ostrygi natychmiast włóż do garnka z pokrywką i postaw na dużym ogniu. Od czasu do czasu obracaj i zdejmuj z ognia, gdy będzie prawie całkowicie otwarte. Małże, które pozostają zamknięte, są martwe i należy je usunąć. Wyjmij skorupiaki z otwartych i zostaw trochę w całości do dekoracji naczyń. Pozostały płyn z dna garnka odcedź i zachowaj.

Weź dużą patelnię i wlej do niej odrobinę oleju. Podgrzej całą paprykę i jeden lub dwa zmiażdżone ząbki czosnku na bardzo małym ogniu, aż ząbki zmienią kolor na żółty. Dodać ostrygi i dosłodzić białym wytrawnym winem.

Teraz dodaj wcześniej odcedzony płyn ostrygowy i trochę drobno posiekanej natki pietruszki.

Gdy spaghetti będzie ugotowane al dente w dużej ilości osolonej wody, odcedź je i natychmiast dodaj do garnka. Dobrze wymieszaj, aż spaghetti wchłonie cały płyn z ostryg. Jeśli nie użyłeś pieprzu, dodaj trochę białego lub czarnego pieprzu.

Wartość odżywcza (na 100 g): 167 kalorii 8 g tłuszczu 8,63 g węglowodanów 5 g białka 720 mg sodu

Grecka zupa rybna

Czas przygotowania: 10 minut

czas zjeść: 60 minut

Porcje: 4

Poziom trudności: Łatwy

Treść:

- Morszczuk lub inna biała ryba
- 4 ziemniaki
- 4 cebule dymki
- 2 marchewki
- 2 łodygi selera
- 2 pomidory
- 4 łyżki oliwy z oliwek z pierwszego tłoczenia
- 2 jajka
- 1 cytryna
- 1 szklanka ryżu
- Sól dla smaku

Znaczniki:

Wybierz rybę o wadze nie większej niż 2,2 kg, usuń łuski, skrzela i wnętrzności, a następnie dobrze ją umyj. Wyjdź i zarezerwuj.

Ziemniaki, marchewkę i cebulę myjemy, wrzucamy w całości do garnka i gotujemy z wodą do miękkości.

Dodać seler związany w pęczki, aby nie rozpadł się podczas smażenia, pomidory pokroić w ćwiartki i dodać je razem z oliwą i solą.

Gdy warzywa będą już prawie ugotowane, dodaj wodę i rybę. Gotować przez 20 minut, a następnie wyjąć z bulionu razem z warzywami.

Udekoruj rybę warzywami, przełóż na talerz i odcedź. Rozcieńczyć bulion niewielką ilością wody i ponownie postawić na ogniu. Gdy się zagotuje, dodaj ryż i dopraw solą i pieprzem. Po ugotowaniu ryżu zdejmij patelnię z pieca.

Przygotuj sos Avgolemono:

Jajka dobrze ubij i stopniowo dodawaj sok z cytryny. Do garnka wlewamy odrobinę bulionu i stopniowo wlewamy go do jajek, ciągle mieszając.

Na koniec powstały sos dodać do zupy i dobrze wymieszać.

Wartość odżywcza (na 100 g): 263 kalorie 17,1 g tłuszczu 18,6 g węglowodanów 9 g białka 823 mg sodu

Ryż Venere z Krewetkami

Czas przygotowania: 10 minut

czas zjeść: 55 minut

Porcje: 3

Poziom trudności: Łatwy

Treść:

- 1 ½ szklanki czarnego ryżu venere (najlepiej gotowanego)
- 5 łyżek oliwy z oliwek z pierwszego tłoczenia
- 10,5 uncji krewetek
- 10,5 uncji cukinii
- 1 cytryna (sok i skórka)
- sól kuchenna do smaku
- czarny pieprz do smaku
- 1 ząbek czosnku
- tabasco do smaku

Znaczniki:

Zacznijmy od ryżu:

Napełnij garnek dużą ilością wody i zagotuj, następnie wsyp ryż, sól i gotuj według potrzeby (patrz instrukcja gotowania na opakowaniu).

W międzyczasie zetrzyj cukinię na grubej tarce. Na patelni rozgrzej oliwę z obranym ząbkiem czosnku, dodaj startą cukinię, sól i gotuj przez 5 minut, wyjmij ząbek czosnku i rozdziel warzywa.

Teraz oczyść krewetki:

Zdjąć łuskę, odciąć ogon, przeciąć wzdłuż na pół i zdjąć osłonkę (sznurek zamknięty z tyłu). Oczyszczone krewetki włóż do miski i skrop oliwą z oliwek; Dodaj trochę skórki z cytryny, soli i pieprzu oraz odrobinę Tabasco, jeśli chcesz, dla odrobiny smaku.

Krewetki podsmażamy na gorącej patelni przez kilka minut. Po ugotowaniu odstawić.

Gdy ryż Venere będzie gotowy, odcedź go do miski, dodaj mieszankę cukinii i wymieszaj.

Wartość odżywcza (na 100 g): 293 kalorie 5 g tłuszczu 52 g węglowodanów 10 g białka 655 mg sodu

Pennette z łososiem i wódką

Czas przygotowania: 10 minut

czas zjeść: 18 minut

Porcje: 4

Poziom trudności: Łatwy

Treść:

- Pennette Rigate 14 uncji
- 7 uncji wędzonego łososia
- 1,2 uncji szalotki
- 1,35 funta uncja (40 ml) wódki
- 5 uncji pomidorków koktajlowych
- 7 uncji świeżej, ciężkiej śmietanki (polecam śmietankę bezmleczną na lżejszy posiłek)
- szczypiorek do smaku
- 3 łyżki oliwy z oliwek z pierwszego tłoczenia
- Sól dla smaku
- czarny pieprz do smaku
- Bazylia do smaku (do dekoracji)

Znaczniki:

Umyj i posiekaj pomidory i szczypiorek. Szalotkę oczyść, posiekaj nożem, włóż do rondelka i marynuj przez kilka minut w oliwie z pierwszego tłoczenia.

W międzyczasie łososia pokroić w paski i podsmażyć razem z oliwą i szalotką.

Wszystko wymieszaj z wódką, pamiętając, że może pojawić się ogień (nie martw się, jeśli płomień się wzniesie, zgaśnie, gdy alkohol całkowicie odparuje). Dodaj pokrojone w kostkę pomidory i dodaj trochę soli i pieprzu, jeśli chcesz. Na koniec dodać śmietanę i posiekaną natkę pietruszki.

Podczas gdy sos się gotuje, przygotuj makaron. Gdy woda się zagotuje, wlać Pennette i gotować al dente.

Odcedź makaron, włóż pennety do sosu i gotuj przez kilka minut, aby wchłonęły cały smak. W razie potrzeby udekoruj liśćmi bazylii.

Wartość odżywcza (na 100 g): 620 kalorii 21,9 g tłuszczu 81,7 g węglowodanów 24 g białka 326 mg sodu

carbonara z owoców morza

Czas przygotowania: 15 minut

czas zjeść: 50 minut

Porcje: 3

Poziom trudności: Łatwy

Treść:

- Spaghetti 11,5 uncji
- 3,5 uncji tuńczyka
- 3,5 uncji miecznika
- 3,5 uncji łososia
- 6 żółtek
- 4 łyżki Parmigiano Reggiano
- 2 piętra uncja (60 ml) białego wina
- 1 ząbek czosnku
- oliwa z oliwek z pierwszego tłoczenia do smaku
- sól kuchenna do smaku
- czarny pieprz do smaku

Znaczniki:

Przygotuj garnek z wrzącą wodą i dodaj trochę soli.

W międzyczasie weź 6 żółtek do miski i dodaj starty parmezan, czarny pieprz i sól. Ubić mikserem i rozcieńczyć niewielką ilością wody z gotowania z garnka.

Usuń kości z łososia, obierz miecznika i przystąp do krojenia tuńczyka, łososia i miecznika.

Gdy zacznie się gotować, wyrzuć makaron i ugotuj go lekko al dente.

W międzyczasie na dużej patelni rozgrzewamy odrobinę oliwy, dodajemy cały obrany czosnek. Gdy olej się rozgrzeje, włóż rybę i smaż przez około 1 minutę na dużym ogniu. Usuń czosnek i dodaj białe wino.

Po odparowaniu alkoholu wyjąć kostki rybne i zmniejszyć ogień. Gdy spaghetti będzie gotowe, dodaj je na patelnię i smaż przez około minutę, ciągle mieszając i w razie potrzeby dodając więcej wody z gotowania.

Wlać mieszaninę żółtek i kostek rybnych. Dobrze wymieszaj i podawaj.

Wartość odżywcza (na 100 g): 375 kalorii 17 g tłuszczu 41,40 g węglowodanów 14 g białka 755 mg sodu

Garganelli z pesto z cukinii i krewetek

Czas przygotowania: 10 minut

czas zjeść: 30 minut

Porcje: 4

Poziom trudności: średni

Treść:

- Jajko Garganelli 14 uncji
- Na pesto dyniowe:
- 7 uncji cukinii
- 1 szklanka orzeszków piniowych
- 8 łyżek bazylii
- 1 łyżeczka soli kuchennej
- 9 łyżek oliwy z oliwek z pierwszego tłoczenia
- 2 łyżki startego parmezanu
- 1 uncja pecorino do golenia
- Dla krewetek zamężnych:
- 8,8 uncji krewetek
- 1 ząbek czosnku
- 7 łyżek oliwy z oliwek z pierwszego tłoczenia
- szczypta soli

Znaczniki:

Zacznij od przygotowania pesto:

Po umyciu dynie są starte, odcedzone (w celu pozbycia się nadmiaru wody) i lekko solone. Do blendera włóż orzeszki piniowe, dynię i liście bazylii. Dodać starty parmezan, pecorino i oliwę z oliwek z pierwszego tłoczenia.

Wszystko mieszaj, aż masa stanie się kremowa, dodaj trochę soli i odstaw.

Przejdźmy do krewetek:

Najpierw przetnij nożem grzbiet krewetki wzdłuż, aby usunąć wnętrzności, a czubkiem noża usuń czarną nitkę ze środka.

Na patelni z powłoką nieprzywierającą na oliwie z oliwek z pierwszego tłoczenia usmaż ząbek czosnku. Gdy staną się złociste, usuń czosnek i dodaj krewetki. Smażyć około 5 minut na średnim ogniu, aż na zewnątrz utworzy się chrupiąca skórka.

Następnie w rondlu zagotuj osoloną wodę i ugotuj Garganelli. Odlej łyżkę lub dwie wrzącej wody i odcedź makaron al dente.

Umieść Garganelli na patelni, na której smażyłeś krewetki. Wszystko razem chwilę gotujemy, dodajemy łyżkę wody z gotowania i na koniec dodajemy pesto dyniowe.

Wszystko dobrze wymieszaj, aby makaron połączył się z sosem.

Wartość odżywcza (na 100 g): 776 kalorii 46 g tłuszczu 68 g węglowodanów 22,5 g białka 835 mg sodu

risotto z łososiem

Czas przygotowania: 10 minut

czas zjeść: 30 minut

Porcje: 4

Poziom trudności: średni

Treść:

- 1 ¾ szklanki (12,3 uncji) ryżu
- Filet z łososia 8,8 uncji
- 1 por
- oliwa z oliwek z pierwszego tłoczenia do smaku
- 1 ząbek czosnku
- ½ kieliszka białego wina
- 3 ½ łyżki startego Grana Padano
- Sól dla smaku
- czarny pieprz do smaku
- 17 fl. uncja (500 ml) bulionu rybnego
- 1 szklanka masła

Znaczniki:

Zacznij od oczyszczenia łososia i pokrojenia go na małe kawałki. Na patelni podsmażamy 1 łyżkę oliwy z całym ząbkiem czosnku i smażymy łososia przez 2/3 minuty, solimy i rezerwujemy łososia, usuwamy czosnek.

Teraz zacznij przygotowywać risotto:

Por drobno posiekaj i podsmaż na małym ogniu na patelni z dwiema łyżkami oleju. Dodaj ryż i smaż przez kilka sekund na średnim ogniu, mieszając drewnianą łyżką.

Dodać białe wino i dalej dusić, od czasu do czasu mieszając, uważając, aby ryż nie przykleił się do patelni, stopniowo dodając wodę (warzywa lub rybę).

W połowie gotowania dodaj łososia, masło i odrobinę soli, jeśli to konieczne. Gdy ryż będzie już dobrze ugotowany, zdejmij go z ognia. Wymieszaj z kilkoma łyżkami startego Grana Padano i podawaj.

Wartość odżywcza (na 100 g): 521 kalorii 13 g tłuszczu 82 g węglowodanów 19 g białka 839 mg sodu

Makaron z pomidorkami koktajlowymi i anchois

Czas przygotowania: 15 minut

czas zjeść: 35 minut

Porcje: 4

Poziom trudności: Łatwy

Treść:

- Spaghetti 10,5 uncji
- 1,3 kilograma pomidorków koktajlowych
- 9 uncji anchois (wstępnie oczyszczonych)
- 2 łyżki kaparów
- 1 ząbek czosnku
- 1 mała czerwona cebula
- pietruszka do smaku
- oliwa z oliwek z pierwszego tłoczenia do smaku
- sól kuchenna do smaku
- czarny pieprz do smaku
- czarne oliwki do smaku

Znaczniki:

Pokrój kość czosnku na cienkie warstwy.

Pomidorki koktajlowe przekrój na pół. Cebulę oczyścić i pokroić w cienkie plasterki.

Posiekany czosnek i cebulę wrzucamy na patelnię z odrobiną oleju. Podgrzewaj wszystko przez 5 minut na średnim ogniu; mieszaj od czasu do czasu.

Gdy wszystko będzie dobrze doprawione, dodać pomidorki koktajlowe oraz odrobinę soli i pieprzu. Piec 15 minut. W międzyczasie postaw garnek z wodą na ogniu, a gdy tylko się zagotują, dodaj sól i makaron.

Gdy sos będzie już prawie gotowy, dodaj anchois i gotuj na wolnym ogniu przez kilka minut. Delikatnie wymieszaj.

Wyłącz ogień, posiekaj natkę pietruszki i wrzuć na patelnię.

Gdy makaron się ugotuje, odcedź go i dodaj bezpośrednio do sosu. Włącz ponownie ogrzewanie na kilka sekund.

Wartość odżywcza (na 100 g): 446 kalorii 10 g tłuszczu 66,1 g węglowodanów 22,8 g białka 934 mg sodu

Orecchiette z brokułów i hot dog

Czas przygotowania: 10 minut

czas zjeść: 32 minuty

Porcje: 4

Poziom trudności: średni

Treść:

- Orecchiette 11,5 uncji
- 10,5 brokułów
- Kiełbasa 10,5 uncji
- 1,35 funta uncja (40 ml) białego wina
- 1 ząbek czosnku
- 2 gałązki tymianku
- 7 łyżek oliwy z oliwek z pierwszego tłoczenia
- czarny pieprz do smaku
- sól kuchenna do smaku

Znaczniki:

Zagotuj w garnku wodę i sól. Usuń różyczki brokułów z łodygi i pokrój je na pół lub na ćwiartki, jeśli są zbyt duże; Następnie włóż do wrzącej wody, zamknij pokrywkę garnka i gotuj przez 6-7 minut.

W międzyczasie drobno posiekaj tymianek i odłóż na bok. Z kiełbasy zdejmij skórę i delikatnie rozgnieć ją widelcem.

Na odrobinie oliwy podsmaż czosnek i dodaj koncentrat pomidorowy. Po kilku sekundach dodaj tymianek i odrobinę białego wina.

Nie zalewając wrzącą wodą, ugotowane brokuły wyjmujemy łyżką cedzakową i po trochu dodajemy do mięsa. Gotuj wszystko przez 3-4 minuty. Usuń czosnek i dodaj odrobinę czarnego pieprzu.

Zagotuj wodę, w której gotowałeś brokuły, dodaj makaron i zagotuj. Po ugotowaniu makaron odcedzamy łyżką cedzakową i przekładamy bezpośrednio do sosu brokułowo-kiełbaskowego. Następnie dobrze wymieszaj, dodaj czarny pieprz i smaż wszystko na patelni przez kilka minut.

Wartość odżywcza (na 100 g): 683 kalorie 36 g tłuszczu 69,6 g węglowodanów 20 g białka 733 mg sodu

Risotto z radicchio i wędzonym boczkiem

Czas przygotowania: 10 minut
czas zjeść: 30 minut
Porcje: 3
Poziom trudności: średni

Treść:

- 1 ½ szklanki ryżu
- rzodkiewki 14 uncji
- 5,3 uncji wędzonego boczku
- 34 fl. uncja (1 l) soku warzywnego
- 3,4 fl. uncja (100 ml) czerwonego wina
- 7 łyżek oliwy z oliwek z pierwszego tłoczenia
- 1,7 uncji szalotki
- sól kuchenna do smaku
- czarny pieprz do smaku
- 3 gałązki tymianku

Znaczniki:

Zacznijmy od przygotowania soku warzywnego.

Zacznij od rzodkiewki: przekrój ją na pół i usuń środek (białą część). Pokroić w paski, dobrze opłukać i odstawić. Boczek wędzony pokroić w małe paski.

Drobno posiekaj eschę i włóż ją na patelnię z odrobiną oleju. Gotujemy na średnim ogniu, dodajemy chochelkę bulionu, następnie dodajemy boczek i czekamy, aż się zrumieni.

Po około 2 minutach dodać ryż i smażyć, często mieszając. W tym momencie wlać czerwone wino na dużym ogniu.

Gdy cały alkohol odparuje, kontynuuj gotowanie, dodając po łyżce bulionu. Pozwól poprzedniemu wyschnąć przed dodaniem kolejnego, aż będzie całkowicie ugotowany. Dodaj sól i pieprz (w zależności od tego, ile zdecydujesz się dodać).

Pod koniec gotowania dodać paski rzodkiewki. Dobrze wymieszaj, aż zmiesza się z ryżem, ale nie gotuj. Dodaj posiekany tymianek.

Wartość odżywcza (na 100 g):482 kalorie 17,5 g tłuszczu 68,1 g węglowodanów 13 g białka 725 mg sodu

Genueńska Wielkanoc

Czas przygotowania: 10 minut
czas zjeść: 25 minut
Porcje: 3
Poziom trudności: średni

Treść:

- Mówisz, że 11,5 uncji
- 1 kilogram wołowiny
- 2,2 kg zrumienionej cebuli
- 2 uncje selera
- 2 uncje marchewki
- 1 gałązka pietruszki
- 3,4 fl. uncja (100 ml) białego wina
- oliwa z oliwek z pierwszego tłoczenia do smaku
- sól kuchenna do smaku
- czarny pieprz do smaku
- parmezan do smaku

Znaczniki:

Przygotowanie makaronu zaczynamy od:

Oczyść i drobno posiekaj cebulę i marchewkę. Następnie umyj i drobno posiekaj seler (nie wyrzucaj liści, które należy obciąć i zachować). Następnie przejdź do mięsa, usuń nadmiar tłuszczu i pokrój na 5/6 dużych kawałków. Na koniec stwórz pachnący bukiet, zawiązując sznurkiem kuchennym liście selera i gałązkę pietruszki.

Na szeroką patelnię wlej dużą ilość oleju. Dodać zarezerwowaną cebulę, seler i marchewkę i smażyć kilka minut.

Następnie dodaj kawałki mięsa, odrobinę soli i pachnący bukiet. Wymieszaj i gotuj przez kilka minut. Następnie zmniejsz ogień i przykryj pokrywką.

Gotuj przez co najmniej 3 godziny (nie dodawaj wody ani bulionu, ponieważ cebula puści cały płyn, jakiego potrzebuje, aby dno patelni nie wyschło). Od czasu do czasu wszystko sprawdzaj i mieszaj.

Po 3 godzinach gotowania usuń pęczek ziół, lekko zwiększ ogień, dodaj odrobinę wina i zamieszaj.

Mięso dusić bez przykrycia przez około godzinę, często mieszając, dolewając wino, gdy dno patelni będzie już suche.

W tym momencie weź kawałek mięsa, pokrój go na desce do krojenia i odłóż na bok. Ziti pokroić i ugotować we wrzącej, osolonej wodzie.

Po ugotowaniu odcedzamy i wracamy do garnka. Odlać kilka łyżek wody z gotowania i wymieszać. Położ na talerzu, dodaj odrobinę sosu i mięso mielone (oddzielone w kroku 7). Dodać pieprz i starty parmezan do smaku.

Wartość odżywcza (na 100 g): 450 kalorii 8 g tłuszczu 80 g węglowodanów 14,5 g białka 816 mg sodu

Makaron kalafiorowy Neapol

Czas przygotowania: 15 minut
czas zjeść: 35 minut
Porcje: 3
Poziom trudności: średni

Treść:

- 10,5 uncji makaronu
- 1 kalafior
- 3,4 fl. uncja (100 ml) przecieru pomidorowego
- 1 ząbek czosnku
- 1 pieprz
- 3 łyżki oliwy z oliwek z pierwszego tłoczenia (lub łyżeczka)
- Sól dla smaku
- pieprz według upodobań

Znaczniki:

Dokładnie oczyść kalafior: usuń zewnętrzne liście i łodygę. Pokroić na małe różyczki.

Czosnek oczyścić, drobno posiekać i podsmażyć na patelni z oliwą i pieprzem.

Dodać przecier pomidorowy i różyczki kalafiora i smażyć kilka minut na średnim ogniu, następnie zalać kilkoma garnkami wody i gotować przez 15-20 minut lub przynajmniej do czasu, aż kalafior nabierze kremowego koloru.

Jeśli uznasz, że dno patelni jest zbyt suche, dodaj więcej wody, aby masa dobrze płynęła.

W tym momencie zalać kalafior gorącą wodą i dodać makaron, gdy osiągnie temperaturę wrzenia.

Posypać solą i pieprzem.

Wartość odżywcza (na 100 g): 458 kalorii 18 g tłuszczu 65 g węglowodanów 9 g białka 746 mg sodu

Makaron i fagioli z pomarańczami i koprem włoskim

Czas przygotowania: 10 minut
czas zjeść: 30 minut
Porcje: 5
Poziom trudności: Trudność

Treść:

- Oliwa z oliwek z pierwszego tłoczenia - 1 łyżka. plus dodatkowo za obsługę
- pancetta – 2 uncje, drobno posiekana
- Cebula - 1, drobno posiekana
- Koper włoski: 1 cebula, pozbawiona łodygi, przekrojona na pół, pozbawiona gniazd nasiennych i drobno posiekana
- Seler - 1 żebro, posiekane
- Czosnek - 2 ząbki, posiekane
- Filety z sardeli - 3 sztuki, podsmażone i posiekane
- świeżo posiekany tymianek - 1 łyżka.
- starta skórka pomarańczowa - 2 łyżeczki.
- nasiona kopru włoskiego - ½ łyżeczki.
- Płatki czerwonej papryki - ¼ łyżeczki.
- Posiekane pomidory – 1 puszka (28 uncji).
- Parmezan: 1 skórka i więcej do podania
- Fasola Cannellini – 1 puszka (7 uncji), przepłukana
- bulion z kurczaka - 2 ½ szklanki

- Woda - 2 ½ szklanki
- sól i pieprz
- Orzo - 1 szklanka
- świeża posiekana natka pietruszki - ¼ szklanki

Znaczniki:

Rozgrzej olej w holenderskim piekarniku na średnim ogniu. Dodaj bekon. Smaż przez 3 do 5 minut lub do momentu, aż zacznie się rumienić. Dodaj seler, koper włoski i cebulę i smaż, aż zmiękną (około 5-7 minut).

Dodać płatki papryki, nasiona kopru włoskiego, skórkę pomarańczową, tymianek, anchois i czosnek. Gotuj przez 1 minutę. Dodaj pomidory i ich sok. Dodaj skórkę parmezanu i fasolę.

Doprowadzić do wrzenia i gotować przez 10 minut. Wymieszaj wodę, bulion i 1 łyżeczkę. sól Zagotować na dużym ogniu. Dodać makaron i gotować aż będzie al dente.

Zdjąć z ognia i wyrzucić skórkę parmezanu.

Dodajemy natkę pietruszki i doprawiamy solą i pieprzem do smaku. Skropić odrobiną oliwy z oliwek i posypać startym parmezanem. Podawać.

Wartość odżywcza (na 100 g): 502 kalorie 8,8 g tłuszczu 72,2 g węglowodanów 34,9 g białka 693 mg sodu

spaghetti z cytryną

Czas przygotowania: 10 minut
czas zjeść: 15 minut
Porcje: 6
Poziom trudności: Łatwy

Treść:

- Oliwa z oliwek z pierwszego tłoczenia - ½ szklanki
- starta skórka z cytryny - 2 łyżeczki.
- Sok z cytryny - 1/3 szklanki
- Czosnek - 1 ząbek, pokrojony w kropki
- sól i pieprz
- Parmezan – 2 uncje, starty
- Spaghetti - 1 kilogram
- świeża posiekana bazylia - 6 łyżek.

Znaczniki:

W misce wymieszaj czosnek, oliwę, skórkę z cytryny, sok, ½ łyżeczki. sól i ¼ łyżeczki. Dodaj parmezan i mieszaj, aż uzyskasz kremową konsystencję.

W międzyczasie ugotuj makaron według przepisu na opakowaniu. Odcedź i zachowaj ½ szklanki wody z gotowania. Do makaronu dodać oliwę i bazylię, wymieszać. Dobrze dopraw i w razie potrzeby dodaj wodę z gotowania. Podawać.

Wartość odżywcza (na 100 g): 398 kalorii 20,7 g tłuszczu 42,5 g węglowodanów 11,9 g białka 844 mg sodu

Pikantny kuskus warzywny

Czas przygotowania: 10 minut
czas zjeść: 20 minut
Porcje: 6
Poziom trudności: Trudny

Treść:

- Kalafior - 1 główka, podzielona na 1-calowe różyczki
- Oliwa z oliwek z pierwszego tłoczenia - 6 łyżek. plus dodatkowo za obsługę
- sól i pieprz
- kuskus - 1 ½ szklanki
- Cukinia – pokrojona na 1,5-calowe kawałki
- Papryka – 1, pozbawiona łodyg, pozbawiona nasion i pokrojona na ½-calowe kawałki
- Czosnek - 4 ząbki, posiekane
- Ras el hanout – 2 łyżeczki.
- starta skórka z cytryny - 1 łyżeczka. więcej plasterków cytryny do podania
- Rosół z kurczaka - 1 ¾ szklanki
- świeży posiekany majeranek - 1 łyżka.

Znaczniki:

Na patelni rozgrzej 2 łyżki. olej na średnim ogniu. Dodaj kalafior, ¾ łyżeczki. sól i ½ łyżeczki. Wymieszaj pieprz. Piec różyczki, aż staną się złotobrązowe, a krawędzie przezroczyste.

Zdejmij pokrywkę i gotuj, mieszając, przez 10 minut lub do momentu, aż różyczki będą złociste. Przełożyć do miski i wytrzeć patelnię. Podgrzej 2 łyżki. olej na patelni.

Dodaj kuskus. Gotuj i kontynuuj mieszanie przez 3 do 5 minut lub do momentu, aż fasola zacznie się brązowieć. Przełożyć do miski i wytrzeć patelnię. Podgrzej pozostałe 3 łyżki. na patelnię wlej olej, dodaj paprykę, cukinię i ½ łyżeczki. gotować z solą przez 8 minut.

Dodaj skórkę z cytryny, sos hanout i czosnek. Gotuj, aż zacznie wydzielać zapach (około 30 sekund). Dodać bulion i gotować na małym ogniu. Wymieszaj kuskus. Zdjąć z ognia i odstawić do miękkości.

Dodać majeranek i kalafior; następnie spulchnić widelcem do połączenia. Skropić dodatkową ilością oleju i dobrze doprawić. Podawać z cząstkami cytryny.

Wartość odżywcza (na 100 g): 787 kalorii 18,3 g tłuszczu 129,6 g węglowodanów 24,5 g białka 699 mg sodu

Gotowany ryż doprawiony koprem włoskim

Czas przygotowania: 10 minut
czas zjeść: 45 minut
Porcje: 8
Poziom trudności: średni

Treść:

- Słodkie ziemniaki – 1 ½ funta, obrane i pokrojone na 1-calowe kawałki
- Oliwa z oliwek z pierwszego tłoczenia - ¼ szklanki
- sól i pieprz
- Koper włoski - 1 cebula, drobno posiekana
- Mała cebula - 1, drobno posiekana
- Ryż biały długoziarnisty – 1 ½ szklanki, opłukany
- Czosnek - 4 ząbki, posiekane
- Ras el hanout – 2 łyżeczki.
- Zupa z kurczaka - 2 ¾ szklanki
- Suszone, bez pestek, duże zielone oliwki: ¾ szklanki, przekrojone na pół
- Świeżo posiekana kolendra - 2 łyżki.
- lipy

Znaczniki:

Umieść stojak piekarnika na środku i rozgrzej piekarnik do 400 F. Ziemniaki wymieszać z ½ łyżeczki. sól i 2 łyżki. olej

Ułóż ziemniaki w jednej warstwie na blasze do pieczenia z brzegiem i piecz przez 25 do 30 minut lub do miękkości. W połowie pieczenia ziemniaki przemieszać.

Wyjmij ziemniaki i zmniejsz temperaturę piekarnika do 150 F. Podgrzej pozostałe 2 łyżki w holenderskim piekarniku. olej na średnim ogniu.

Dodaj cebulę i koper włoski; następnie gotuj przez 5 do 7 minut lub do miękkości. Dodać ras el hanout, czosnek i ryż. Smaż przez 3 minuty.

Dodaj oliwki i wodę i odstaw na 10 minut. Do ziemniaków dodać ryż i delikatnie wymieszać widelcem do połączenia. Dodać sól i pieprz do smaku. Udekoruj kolendrą i podawaj z plasterkami cytryny.

Wartość odżywcza (na 100 g): 207 kalorii 8,9 g tłuszczu 29,4 g węglowodanów 3,9 g białka 711 mg sodu

Marokański kuskus z ciecierzycą

Czas przygotowania: 5 minut
czas zjeść: 18 minut
Porcje: 6
Poziom trudności: średni

Treść:

- Oliwa z oliwek z pierwszego tłoczenia - ¼ szklanki, dodatkowo na porcję
- kuskus - 1 ½ szklanki
- drobno obrana i pokrojona marchewka - 2
- Drobno posiekana cebula - 1
- sól i pieprz
- Czosnek - 3 ząbki, posiekane
- mielona kolendra - 1 łyżeczka.
- Mielony imbir - łyżeczka.
- Zmielone nasiona anyżu - ¼ łyżeczki.
- Rosół z kurczaka - 1 ¾ szklanki
- Ciecierzyca – 1 puszka (15 uncji), przepłukana
- Mrożony groszek - 1 ½ szklanki
- posiekana świeża pietruszka lub kolendra - ½ szklanki
- jastrzębie cytrynowe

Znaczniki:

Podgrzej 2 łyżki. olej na patelni na średnim ogniu. Dodaj kuskus i gotuj przez 3 do 5 minut lub do momentu, aż zacznie się rumienić. Przełożyć do miski i wytrzeć patelnię.

Podgrzej pozostałe 2 łyżki. na patelnię wlać olej, dodać cebulę, marchewkę i 1 łyżkę. sól Gotuj przez 5-7 minut. Dodaj anyż, imbir, kolendrę i czosnek. Gotuj, aż zacznie wydzielać zapach (około 30 sekund).

Ciecierzycę wymieszać z wodą i doprowadzić do wrzenia. Dodać kuskus i groszek. Przykryj i zdejmij z ognia. Odstawiamy do momentu, aż kuskus będzie miękki.

Do kuskusu dodajemy pietruszkę i mieszamy widelcem. Skropić dodatkową ilością oleju i dobrze doprawić. Podawać z cząstkami cytryny.

Wartość odżywcza (na 100 g): 649 kalorii 14,2 g tłuszczu 102,8 g węglowodanów 30,1 g białka 812 mg sodu

Paella wegetariańska z fasolką szparagową i ciecierzycą

Czas przygotowania: 10 minut
czas zjeść: 35 minut
Porcje: 4
Poziom trudności: Łatwy

Treść:

- szczypta szafranu
- bulion warzywny - 3 szklanki
- Oliwa z oliwek - 1 łyżka stołowa.
- żółta cebula - 1 duża, posiekana
- Czosnek - 4 ząbki, pokrojone w plasterki
- Papryka czerwona – 1 sztuka, posiekana
- Rozdrobnione pomidory - ¾ szklanki, świeże lub z puszki
- Przecier pomidorowy - 2 łyżki.
- Czerwona ostra papryka - 1 ½ łyżeczki.
- Sól - 1 łyżeczka.
- świeżo zmielony czarny pieprz - ½ łyżeczki.
- Fasola szparagowa – 1 ½ szklanki, przycięta i przekrojona na pół
- Ciecierzyca – 1 puszka (15 uncji), odsączona i przepłukana
- Ryż biały krótkoziarnisty – 1 szklanka
- Cytryna - 1, pokrojona w plasterki

Znaczniki:

Wymieszaj nitki szafranu z 3 łyżkami. ciepłą wodę w małej misce. W rondlu zagotuj wodę na średnim ogniu. Zmniejszyć ogień i doprowadzić do wrzenia.

Rozgrzej olej na patelni na średnim ogniu. Wyjmij cebulę i smaż przez 5 minut. Dodaj pieprz i czosnek i smaż przez 7 minut lub do momentu, aż papryka będzie miękka. Dodać szafran i wodę, sól, pieprz, czerwoną paprykę, pomidor i koncentrat pomidorowy, wymieszać.

Dodaj ryż, ciecierzycę i fasolkę szparagową. Dodać gorący bulion i doprowadzić do wrzenia. Zmniejsz ogień i gotuj przez 20 minut pod zamkniętą pokrywką.

Podaje się na gorąco, udekorowane plasterkami cytryny.

Wartość odżywcza (na 100 g): 709 kalorii 12 g tłuszczu 121 g węglowodanów 33 g białka 633 mg sodu

Krewetki czosnkowe z pomidorami i bazylią

Czas przygotowania: 10 minut
czas zjeść: Dziesięć minut
Porcje: 4
Poziom trudności: Łatwy

Treść:

- oliwa z oliwek - 2 łyżki.
- Krewetki – 1 ¼ kilograma, obrane i oczyszczone
- Czosnek - 3 ząbki, posiekane
- mielone płatki czerwonej papryki - 1/8 łyżeczki.
- Wino białe wytrawne - ¾ kieliszka
- Pomidory winogronowe - 1 ½ szklanki
- Drobno posiekana świeża bazylia: ¼ szklanki i więcej do dekoracji
- Sól - ¾ łyżeczki.
- mielony czarny pieprz - ½ łyżeczki.

Znaczniki:

Na patelni rozgrzej olej na średnim ogniu. Dodaj krewetki i gotuj przez 1 minutę lub do momentu ugotowania. Przełożyć na talerz.

Na patelnię z olejem włóż paprykę i czosnek i smaż przez 30 sekund, mieszając. Dodać wino i gotować, aż zredukuje się o połowę.

Dodać pomidory i smażyć, aż pomidory zaczną się rozpadać (około 3-4 minuty). Dodaj zarezerwowane krewetki, sól, pieprz i bazylię. Gotuj przez kolejne 1-2 minuty.

Podawać udekorowane pozostałą bazylią.

Wartość odżywcza (na 100 g): 282 kalorie 10 g tłuszczu 7 g węglowodanów 33 g białka 593 mg sodu

ryż z krewetkami

Czas przygotowania: 10 minut

czas zjeść: 25 minut

Porcje: 4

Poziom trudności: średni

Treść:

- oliwa z oliwek - 2 łyżki.
- średnia cebula - 1, posiekana
- Papryka czerwona – 1 sztuka, posiekana
- Czosnek - 3 ząbki, posiekane
- szczypta szafranu
- Czerwona ostra papryka - ¼ łyżeczki.
- Sól - 1 łyżeczka.
- świeżo zmielony czarny pieprz - ½ łyżeczki.
- Rosół z kurczaka - 3 szklanki, podzielone
- Ryż biały krótkoziarnisty – 1 szklanka
- Krewetki duże, oczyszczone i oczyszczone – 1 kilogram
- Mrożony groszek - 1 szklanka, rozmrożony

Znaczniki:

Na patelni rozgrzej oliwę z oliwek. Dodaj cebulę i paprykę i smaż przez 6 minut lub do miękkości. Dodać sól, pieprz, paprykę, szafran i czosnek, wymieszać. Wymieszaj 2 ½ szklanki bulionu i ryżu.

Doprowadzić mieszaninę do wrzenia, następnie gotować przez około 12 minut, aż ryż będzie ugotowany. Połóż krewetki i groszek na ryżu i dodaj pozostałe ½ szklanki bulionu.

Ponownie przykryj patelnię i smaż, aż wszystkie krewetki będą ugotowane (około 5 minut). Podawać.

Wartość odżywcza (na 100 g): 409 kalorii 10 g tłuszczu 51 g węglowodanów 25 g białka 693 mg sodu

Sałatka z soczewicy z oliwkami, miętą i serem feta

Czas przygotowania: 60 minut
czas zjeść: 60 minut
Porcje: 6
Poziom trudności: średni

Treść:

- sól i pieprz
- Soczewica francuska - 1 szklanka, oczyszczona i opłukana
- Czosnek - 5 ząbków, lekko zmiażdżonych i obranych
- liść laurowy - 1
- Oliwa z oliwek z pierwszego tłoczenia - 5 łyżek.
- biały ocet winny - 3 łyżki.
- Oliwki Kalamata bez pestek – ½ szklanki, posiekane
- posiekana świeża mięta - ½ szklanki
- Przegrzebek - 1 duży, posiekany
- Ser Feta – 1 uncja, rozdrobniony

Znaczniki:

Dodaj 4 szklanki ciepłej wody i 1 łyżeczkę. sól w misce Dodać soczewicę i pozostawić na 1 godzinę w temperaturze pokojowej. Dobrze filtruje.

Umieść ruszt piekarnika na środku i rozgrzej piekarnik do 325 F. Połącz soczewicę, 4 szklanki wody, czosnek, liść laurowy i ½ łyżeczki. sól w rondlu. Przykryj i włóż patelnię do piekarnika i piecz przez 40 do 60 minut lub do momentu, aż soczewica będzie miękka.

Soczewicę dobrze odcedzić, wyrzucając czosnek i liść laurowy. W dużej misce wymieszaj oliwę i ocet. Dodaj szalotkę, miętę, oliwki i soczewicę i wymieszaj.

Dodać sól i pieprz do smaku. Ułóż starannie na półmisku i udekoruj serem feta. Podawać.

Wartość odżywcza (na 100 g): 249 kalorii 14,3 g tłuszczu 22,1 g węglowodanów 9,5 g białka 885 mg sodu

Ciecierzyca z czosnkiem i pietruszką

Czas przygotowania: 5 minut
czas zjeść: 20 minut
Porcje: 6
Poziom trudności: średni

Treść:

- Oliwa z oliwek z pierwszego tłoczenia - ¼ szklanki
- Czosnek - 4 ząbki, pokroić w cienkie plasterki
- Płatki czerwonej papryki - 1/8 łyżeczki.
- Cebula - 1, posiekana
- sól i pieprz
- Ciecierzyca – 2 puszki (15 uncji), odsączona
- zupa z kurczaka - 1 szklanka
- świeża posiekana natka pietruszki - 2 łyżki.
- sok z cytryny - 2 łyżki.

Znaczniki:

Na patelni dodaj 3 łyżki. oliwę i smaż czosnek i płatki chili przez 3 minuty. Dodaj cebulę i ¼ łyżeczki. sól i gotuj przez 5 do 7 minut.

Wmieszać ciecierzycę i bulion i doprowadzić do wrzenia. Zmniejsz ogień i gotuj pod przykryciem przez 7 minut.

Otwórz pokrywkę, zwiększ ogień do dużego i gotuj przez 3 minuty lub do momentu, aż cały płyn odparuje. Odstawić i wymieszać z sokiem z cytryny i natką pietruszki.

Dodać sól i pieprz do smaku. Spryskaj 1 łyżką. oliwę i podawaj.

Wartość odżywcza (na 100 g): 611 kalorii 17,6 g tłuszczu 89,5 g węglowodanów 28,7 g białka 789 mg sodu

Gotowana ciecierzyca z bakłażanem i pomidorami

Czas przygotowania: 10 minut
czas zjeść: 60 minut
Porcje: 6
Poziom trudności: Łatwy

Treść:

- Oliwa z oliwek z pierwszego tłoczenia - ¼ szklanki
- Cebula - 2, posiekana
- Zielona papryka - 1, drobno posiekana
- sól i pieprz
- Czosnek - 3 ząbki, posiekane
- świeżo posiekany tymianek - 1 łyżka.
- liść laurowy - 2
- Bakłażan – 1 funt, pokrojony na 1-calowe kawałki
- Pomidory obrane w całości - 1 puszka, odsączone z zarezerwowanego soku, posiekane
- Ciecierzyca – 2 puszki (15 uncji), odsączone z 1 szklanką zarezerwowanego płynu

Znaczniki:

Umieść stojak piekarnika na środku u dołu i rozgrzej piekarnik do 400 F. Rozgrzej olej w holenderskim piekarniku. Dodać paprykę, cebulę, ½ łyżeczki. sól i ¼ łyżeczki. Piecz paprykę przez 5 minut.

Wymieszaj 1 łyżeczkę. Dodaj tymianek, czosnek i liść laurowy i smaż przez 30 sekund. Połącz pomidory, bakłażany, zarezerwowany sok, ciecierzycę i zarezerwowany płyn i zagotuj. Włóż blachę do piekarnika i piecz bez przykrycia przez 45 do 60 minut. Wymieszaj dwa razy.

Wyrzuć liście laurowe. Dodaj pozostałe 2 łyżeczki. Doprawić tymiankiem oraz solą i pieprzem. Podawać.

Wartość odżywcza (na 100 g): 642 kalorie 17,3 g tłuszczu 93,8 g węglowodanów 29,3 g białka 983 mg sodu

Ryż grecki z cytryną

Czas przygotowania: 20 minut
czas zjeść: 45 minut
Porcje: 6
Poziom trudności: średni

Treść:

- Ryż długoziarnisty: 2 szklanki nieugotowanego (namoczonego w zimnej wodzie przez 20 minut, a następnie odcedzonego)
- Oliwa z oliwek z pierwszego tłoczenia - 3 łyżki.
- Żółta cebula - 1 średnia, posiekana
- Czosnek - 1 ząbek, posiekany
- Makaron Orzo - ½ szklanki
- Sok z 2 cytryn plus skórka z 1 cytryny
- Sok o niskiej zawartości sodu - 2 szklanki
- szczypta soli
- posiekana natka pietruszki - 1 duża garść
- Ziele kopru - 1 łyżeczka.

Znaczniki:

W rondlu podgrzej 3 łyżki. Oliwa z oliwek z pierwszego tłoczenia. Dodać cebulę i smażyć przez 3 do 4 minut. Dodaj makaron orzo i czosnek, wymieszaj.

Następnie wmieszaj ryż, aby go pokrył. Dodać bulion i sok z cytryny. Doprowadzić do wrzenia i zmniejszyć ogień. Przykryj i gotuj przez około 20 minut.

Zdejmij z ognia. Przykryj i pozostaw na 10 minut. Odkryć i dodać skórkę z cytryny, koperek i pietruszkę. Podawać.

Wartość odżywcza (na 100 g): 145 kalorii 6,9 g tłuszczu 18,3 g węglowodanów 3,3 g białka 893 mg sodu

Ryż z czosnkiem i ziołami

Czas przygotowania: 10 minut

czas zjeść: 30 minut

Porcje: 4

Poziom trudności: Łatwy

Treść:

- Oliwa z oliwek z pierwszego tłoczenia - ½ szklanki, podzielona
- ząbki czosnku - 5, posiekane
- Jaśminowy brązowy ryż - 2 szklanki
- Woda - 4 szklanki
- sól morska - 1 łyżeczka.
- czarny pieprz - 1 łyżeczka.
- posiekany świeży szczypiorek - 3 łyżki.
- świeża posiekana natka pietruszki - 2 łyżki.
- świeża posiekana bazylia - 1 łyżka.

Znaczniki:

Do rondla dodaj ¼ szklanki oliwy z oliwek, czosnek i ryż. Mieszaj i podgrzewaj na średnim ogniu. Wymieszaj wodę, sól morską i pieprz. Następnie wymieszaj ponownie.

Doprowadzić do wrzenia i zmniejszyć ogień. Gotuj na małym ogniu pod zamkniętą pokrywką, od czasu do czasu mieszając.

Gdy woda prawie się wchłonie, wymieszaj pozostałą ¼ szklanki oliwy z oliwek z bazylią, pietruszką i szczypiorkiem.

Mieszaj aż do dodania ziół i wchłonięcia całej wody.

Wartość odżywcza (na 100 g): 304 kalorie 25,8 g tłuszczu 19,3 g węglowodanów 2 g białka 874 mg sodu

Śródziemnomorska sałatka ryżowa

Czas przygotowania: 10 minut

czas zjeść: 25 minut

Porcje: 4

Poziom trudności: średni

Treść:

- Oliwa z oliwek z pierwszego tłoczenia - ½ szklanki, podzielona
- Ryż brązowy długoziarnisty – 1 szklanka
- Woda - 2 szklanki
- Świeży sok z cytryny - ¼ szklanki
- Ząbki czosnku - 1, posiekane
- świeży posiekany rozmaryn - 1 łyżeczka.
- świeżo posiekana mięta - 1 łyżka stołowa.
- Endywia belgijska – 3, posiekane
- Papryka - 1 średnia, posiekana
- Ogórki szklarniowe - 1, posiekane
- Cała posiekana zielona cebula - ½ szklanki
- Posiekane oliwki Kalamata - ½ szklanki
- Płatki czerwonej papryki - ¼ łyżeczki.
- Tarty ser feta – ¾ szklanki
- sól morska i czarny pieprz

Znaczniki:

W rondlu na małym ogniu podgrzej ¼ szklanki oliwy z oliwek, ryż i szczyptę soli. Mieszaj, aby pokryć ryż. Dodaj wodę i gotuj, aż woda zostanie wchłonięta. Mieszając od czasu do czasu. Ryż wsyp do dużej miski i wstaw do lodówki.

W drugiej misce połącz pozostałą ¼ szklanki oliwy z oliwek, płatki czerwonej papryki, oliwki, zieloną cebulę, ogórek, paprykę, radicchio, miętę, rozmaryn, czosnek i sok z cytryny.

Do powstałej masy dodać ryż i wymieszać do połączenia. Delikatnie wymieszaj z serem feta.

Posmakuj i dopraw do smaku. Podawać.

Wartość odżywcza (na 100 g): 415 kalorii 34 g tłuszczu 28,3 g węglowodanów 7 g białka 4755 mg sodu

Sałatka ze świeżego tuńczyka i fasoli

Czas przygotowania: 5 minut

czas zjeść: 20 minut

Porcje: 6

Poziom trudności: Łatwy

Treść:

- Fasolka szparagowa łuskana (ze skórką) - 2 szklanki
- liść laurowy - 2
- Oliwa z oliwek z pierwszego tłoczenia - 3 łyżki.
- ocet winny z czerwonego wina - 1 łyżka.
- sól i pieprz
- Tuńczyk premium: 1 puszka (6 uncji), wypełniona oliwą z oliwek
- Solone kapary - 1 łyżka stołowa. namoczone i wysuszone
- drobno posiekana natka pietruszki - 2 łyżki.
- Czerwona cebula - 1, pokrojona w plasterki

Znaczniki:

Na patelni zagotuj lekko osoloną wodę. Dodaj fasolę i liście laurowe; następnie piecz przez 15 do 20 minut lub do momentu, aż fasola będzie miękka, ale nadal twarda. Odcedź, pozbądź się aromatów i przełóż do miski.

Natychmiast udekoruj fasolę octem i olejem. Dodaj sól i pieprz. Dobrze wymieszaj i dostosuj przyprawy. Odcedź tuńczyka i pokrój go w sałatkę fasolową. Dodać pietruszkę i kapary. Mieszaj, aby połączyć plasterki czerwonej cebuli i posyp na wierzchu. Podawać.

Wartość odżywcza (na 100 g): 85 kalorii 7,1 g tłuszczu 4,7 g węglowodanów 1,8 g białka 863 mg sodu

pyszny makaron z kurczakiem

Czas przygotowania: 10 minut
czas zjeść: 17 minut
Porcje: 4
Poziom trudności: Łatwy

Treść:

- 3 piersi z kurczaka, bez skóry, bez kości, pokrojone na kawałki
- 9 uncji makaronu pełnoziarnistego
- 1/2 szklanki oliwek, pokrojonych w plasterki
- 1/2 szklanki suszonych pomidorów
- 1 łyżka smażonej czerwonej papryki, posiekanej
- 14 uncji pomidorów z puszki, posiekanych
- 2 szklanki sosu marinara
- 1 szklanka zupy z kurczaka
- pieprz
- Szal

Znaczniki:

Dodaj wszystkie składniki do Instant Pot z wyjątkiem makaronu pełnoziarnistego.

Zamknij pokrywkę i gotuj na dużym ogniu przez 12 minut.

Kiedy będzie gotowe, pozwól mu w naturalny sposób uwolnić ciśnienie. Usuń osłonę.

Dodaj pastę i dobrze wymieszaj. Zamknij ponownie misę, wybierz tryb ręczny i ustaw timer na 5 minut.

Kiedy skończysz, zwolnij nacisk na 5 minut, a następnie zwolnij resztę za pomocą szybkiego zwolnienia. Usuń osłonę. Dobrze wymieszaj i podawaj.

Wartość odżywcza (na 100 g):615 kalorii 15,4 g tłuszczu 71 g węglowodanów 48 g białka 631 mg sodu

smakowe tacos z ryżem

Czas przygotowania: 10 minut

czas zjeść: 14 minut

Porcje: 8

Poziom trudności: średni

Treść:

- 1 kg mielonej wołowiny
- 8 uncji startego sera Cheddar
- Fasola w puszkach 14 uncji
- 2 uncje przyprawy do taco
- 16 uncji sosu
- 2 szklanki wody
- 2 szklanki brązowego ryżu
- pieprz
- Szal

Znaczniki:

Ustaw garnek Instant Pot na tryb pieczenia.

Do garnka dodajemy mięso i smażymy aż się zrumieni.

Dodać wodę, fasolę, ryż, przyprawę do taco, pieprz i sól i dobrze wymieszać.

Napełnij go sosem. Zamknij pokrywkę i gotuj na dużym ogniu przez 14 minut.

Kiedy skończysz, zwolnij nacisk za pomocą szybkiego zwolnienia. Usuń osłonę.

Dodać ser cheddar i mieszać, aż ser się rozpuści.

Podawaj i ciesz się.

Wartość odżywcza (na 100 g): 464 kalorie 15,3 g tłuszczu 48,9 g węglowodanów 32,2 g białka 612 mg sodu

Pyszny makaron z serem

Czas przygotowania: 10 minut
czas zjeść: Dziesięć minut
Porcje: 6
Poziom trudności: Łatwy

Treść:

- 16 uncji makaronu pełnoziarnistego
- 4 szklanki wody
- 1 szklanka pomidorów, posiekanych
- 1 łyżeczka mielonego czosnku
- 2 łyżki oliwy z oliwek
- 1/4 szklanki posiekanej zielonej cebuli
- 1/2 szklanki parmezanu, startego
- 1/2 szklanki startego sera mozzarella
- 1 szklanka startego sera Cheddar
- 1/4 szklanki makaronu
- 1 szklanka niesłodzonego mleka migdałowego
- 1 szklanka marynowanego karczocha, posiekanego
- 1/2 szklanki suszonych pomidorów, pokrojonych w plasterki
- 1/2 szklanki oliwek, pokrojonych w plasterki
- 1 łyżeczka soli

Znaczniki:

Dodaj makaron, wodę, pomidory, czosnek, olej i sól do Instant Pot i dobrze wymieszaj. Zamknij pokrywkę i gotuj na dużym ogniu.

Kiedy skończysz, zwolnij nacisk na kilka minut, a następnie zwolnij resztę szybkim płukaniem. Usuń osłonę.

Przełącz kuchenkę w tryb gulaszu. Dodać zieloną cebulę, parmezan, mozzarellę, ser cheddar, passatę, mleko migdałowe, karczochy, suszone pomidory i oliwki. Dobrze wymieszać

Dobrze wymieszaj i gotuj, aż ser się rozpuści.

Podawaj i ciesz się.

Wartość odżywcza (na 100 g): 519 kalorii 17,1 g tłuszczu 66,5 g węglowodanów 25 g białka 588 mg sodu

pilaw z ogórkiem i oliwkami

Czas przygotowania: 10 minut
czas zjeść: Dziesięć minut
Porcje: 8
Poziom trudności: średni

Treść:

- 2 szklanki ryżu, opłukanego
- 1/2 szklanki oliwek bez pestek
- 1 szklanka posiekanego ogórka
- 1 łyżka octu winnego z czerwonego wina
- 1 łyżeczka startej skórki z cytryny
- 1 łyżka świeżego soku z cytryny
- 2 łyżki oliwy z oliwek
- 2 szklanki soku warzywnego
- 1/2 łyżeczki suszonego tymianku
- 1 czerwona papryka, posiekana
- 1/2 szklanki cebuli, posiekanej
- 1 łyżka oliwy z oliwek
- pieprz
- Szal

Znaczniki:

Dodaj olej do wewnętrznego garnka Instant Pot i wybierz tryb smażenia. Dodać cebulę i smażyć przez 3 minuty. Dodać pieprz i tymianek i smażyć przez 1 minutę.

Dodaj ryż i wodę i dobrze wymieszaj. Zamknij pokrywkę i gotuj na dużym ogniu przez 6 minut. Kiedy skończysz, zwolnij nacisk na 10 minut, a następnie zwolnij resztę za pomocą szybkiego zwolnienia. Usuń osłonę.

Dodać pozostałe składniki i dobrze wymieszać do połączenia. Podawaj natychmiast i ciesz się smakiem.

Wartość odżywcza (na 100 g): 229 kalorii 5,1 g tłuszczu 40,2 g węglowodanów 4,9 g białka 210 mg sodu

Risotto o smaku ziołowym

Czas przygotowania: 10 minut
czas zjeść: 15 minut
Porcje: 4
Poziom trudności: średni

Treść:

- 2 szklanki ryżu
- 2 łyżki startego parmezanu
- 3,5 uncji ciężkiej śmietanki
- 1 łyżka posiekanego świeżego tymianku
- 1 łyżka świeżej bazylii, posiekanej
- 1/2 łyżki posiekanej szałwii
- 1 posiekana cebula
- 2 łyżki oliwy z oliwek
- 1 łyżeczka mielonego czosnku
- 4 szklanki bulionu warzywnego
- pieprz
- Szal

Znaczniki:

Dodaj olej do wewnętrznego garnka Instant Pot i przełącz garnek w tryb smażenia. Dodaj czosnek i cebulę do wewnętrznej patelni Instant Pot i zamieszaj garnek w trybie smażenia. Dodać czosnek i cebulę i smażyć przez 2-3 minuty.

Dodaj pozostałe składniki oprócz parmezanu i śmietanki i dobrze wymieszaj. Zamknij pokrywkę i gotuj na dużym ogniu przez 12 minut.

Kiedy skończysz, zwolnij nacisk na 10 minut, a następnie zwolnij resztę za pomocą szybkiego zwolnienia. Usuń osłonę. Wymieszaj śmietanę i ser i podawaj.

Wartość odżywcza (na 100 g): 514 kalorii 17,6 g tłuszczu 79,4 g węglowodanów 8,8 g białka 488 mg sodu

Pyszna wiosenna Wielkanoc

Czas przygotowania: 10 minut
czas zjeść: 4 minuty
Porcje: 4
Poziom trudności: Łatwy

Treść:

- 8 uncji pełnoziarnistego makaronu penne
- 1 łyżka świeżego soku z cytryny
- 2 łyżki posiekanej świeżej pietruszki
- 1/4 szklanki posiekanych migdałów
- 1/4 szklanki parmezanu, startego
- 14 uncji pomidorów z puszki, posiekanych
- 1/2 szklanki śliwek
- 1/2 szklanki posiekanej cukinii
- 1/2 szklanki szparagów
- 1/2 szklanki posiekanej marchewki
- 1/2 szklanki brokułów, posiekanych
- 1 3/4 szklanki bulionu warzywnego
- pieprz
- Szal

Znaczniki:

Do Instant Pot dodaj bulion, gruszki, pomidory, śliwki, cukinię, szparagi, marchewkę i brokuły i dobrze wymieszaj. Wyłącz i gotuj na dużym ogniu przez 4 minuty. Kiedy skończysz, zwolnij nacisk za pomocą szybkiego zwolnienia. Usuń osłonę. Pozostałe składniki dobrze wymieszaj i podawaj.

Wartość odżywcza (na 100 g): 303 kalorie 2,6 g tłuszczu 63,5 g węglowodanów 12,8 g białka 918 mg sodu

Pasta ze smażonej papryki

Czas przygotowania: 10 minut
czas zjeść: 13 minut
Porcje: 6
Poziom trudności: średni

Treść:

- 1 kg makaronu penne pełnoziarnistego
- 1 łyżka przyprawy włoskiej
- 4 szklanki bulionu warzywnego
- 1 łyżka mielonego czosnku
- 1/2 cebuli, posiekanej
- 14-uncjowy słoik pieczonej papryki
- 1 szklanka twarogu, startego
- 1 łyżka oliwy z oliwek
- pieprz
- Szal

Znaczniki:

Dodaj upieczoną paprykę do blendera i zmiksuj na gładką masę. Dodaj olej do wewnętrznego garnka Instant Pot i zamieszaj garnek, aby włączyć tryb smażenia. Dodaj czosnek i cebulę do wewnętrznego garnka Instant Pot i obróć garnek, aby go podsmażyć. Dodać czosnek i cebulę i smażyć przez 2-3 minuty. Dodaj mieszankę pieczonej papryki i smaż przez 2 minuty.

Dodać pozostałe składniki oprócz sera feta i dobrze wymieszać. Szczelnie przykryj i gotuj na dużym ogniu przez 8 minut. Kiedy skończysz, zwolnij nacisk w sposób naturalny na 5 minut, a następnie zwolnij resztę szybko. Usuń osłonę. Posypać z wierzchu serem i podawać.

Wartość odżywcza (na 100 g): 459 kalorii 10,6 g tłuszczu 68,1 g węglowodanów 21,3 g białka 724 mg sodu

Serowy Czerwony Ryż Bazyliowy

Czas przygotowania: 10 minut
czas zjeść: 26 minut
Porcje: 8
Poziom trudności: średni

Treść:

- 1 1/2 szklanki brązowego ryżu
- 1 szklanka startego parmezanu
- 1/4 szklanki świeżej bazylii, posiekanej
- 2 szklanki pomidorów winogronowych, przekrojonych na pół
- 8 uncji sosu pomidorowego z puszki
- 1 3/4 szklanki bulionu warzywnego
- 1 łyżka mielonego czosnku
- 1/2 szklanki cebuli, posiekanej
- 1 łyżka oliwy z oliwek
- pieprz
- Szal

Znaczniki:

Dodaj olej do wewnętrznej komory Instant Pot i wybierz garnek do smażenia. Umieść czosnek i cebulę w wewnętrznym garnku gotowego garnka i podsmaż. Dodaj czosnek i cebulę i smaż przez 4 minuty. Dodać ryż, sos pomidorowy, bulion, pieprz i sól i dobrze wymieszać.

Wyłącz i gotuj na wolnym ogniu przez 22 minuty.

Kiedy skończysz, pozwól mu zwolnić nacisk na 10 minut, a następnie zwolnij resztę za pomocą szybkiego zwolnienia. Usuń osłonę. Dodać pozostałe składniki i wymieszać. Podawaj i ciesz się.

Wartość odżywcza (na 100 g): 208 kalorii 5,6 g tłuszczu 32,1 g węglowodanów 8,3 g białka 863 mg sodu

makaron z serem

Czas przygotowania: 10 minut

czas zjeść: 4 minuty

Porcje: 8

Poziom trudności: Łatwy

Treść:

- 1 kg makaronu pełnoziarnistego
- 1/2 szklanki parmezanu, startego
- 4 szklanki startego sera Cheddar
- 1 szklanka wody Mleko
- 1/4 łyżeczki sproszkowanego czosnku
- 1/2 łyżeczki mielonej musztardy
- 2 łyżki oliwy z oliwek
- 4 szklanki wody
- pieprz
- Szal

Znaczniki:

Do garnka Instant Pot dodaj makaron, proszek czosnkowy, musztardę, olej, wodę, pieprz i sól. Szczelnie przykryj i gotuj na dużym ogniu przez 4 minuty. Kiedy skończysz, zwolnij nacisk za pomocą szybkiego zwolnienia. Otwórz pokrywę. Dodać pozostałe składniki, dobrze wymieszać i podawać.

Wartość odżywcza (na 100 g): 509 kalorii 25,7 g tłuszczu 43,8 g węglowodanów 27,3 g białka 766 mg sodu

makaron z tuńczykiem

Czas przygotowania: 10 minut
czas zjeść: 8 minut
Porcje: 6
Poziom trudności: średni

Treść:

- 10 uncji tuńczyka z puszki, odsączonego
- 15 uncji pełnoziarnistego makaronu rotini
- 4 uncje sera mozzarella, posiekanego
- 1/2 szklanki parmezanu, startego
- 1 łyżeczka suszonej bazylii
- 14-uncjowa puszka pomidorów
- 4 szklanki bulionu warzywnego
- 1 łyżka mielonego czosnku
- 8 uncji grzybów, pokrojonych w plasterki
- 2 cukinie, pokrojone w plasterki
- 1 posiekana cebula
- 2 łyżki oliwy z oliwek
- pieprz
- Szal

Znaczniki:

Wlej olej do wewnętrznego garnka Instant Pot i dociśnij patelnię, aby się przysmażyła. Dodajemy pieczarki, cukinię i cebulę i smażymy, aż cebula zmięknie. Dodać czosnek i smażyć przez minutę.

Dodać makaron, bazylię, tuńczyka, pomidory i wodę i dobrze wymieszać. Wyłącz i gotuj na dużym ogniu przez 4 minuty. Po zakończeniu zwolnij nacisk na 5 minut, a następnie zwolnij resztę za pomocą szybkiego zwolnienia. Usuń osłonę. Dodać pozostałe składniki, dobrze wymieszać i podawać.

Wartość odżywcza (na 100 g): 346 kalorii 11,9 g tłuszczu 31,3 g węglowodanów 6,3 g białka 830 mg sodu

Panini z awokado i indykiem

Czas przygotowania: 5 minut

czas zjeść: 8 minut

Porcje: 2

Poziom trudności: Łatwy

Treść:

- 2 czerwone papryki, upieczone i pokrojone w paski
- ¼ funta cienko pokrojonej piersi z indyka wędzonej mesquite
- 1 szklanka całych świeżych liści szpinaku, podzielona
- 2 plastry sera provolone
- 1 łyżka oliwy z oliwek, podzielona
- 2 bułki ciabatty
- ¼ szklanki majonezu
- ½ dojrzałego awokado

Znaczniki:

W misce dobrze rozgnieć majonez i awokado. Następnie rozgrzej prasę do panini.

Bułki przekrój na pół i posmaruj wnętrze chleba oliwą z oliwek.

Następnie nafaszeruj, układając warstwami: posmaruj mieszanką provolonu, piersi z indyka, pieczonej czerwonej papryki, liści szpinaku i awokado i przykryj drugą kromką chleba.

Włóż kanapkę do prasy Panini i grilluj przez 5 do 8 minut, aż ser się roztopi, a chleb będzie chrupiący i pokryty smugami.

Wartość odżywcza (na 100 g): 546 kalorii 34,8 g tłuszczu 31,9 g węglowodanów 27,8 g białka 582 mg sodu

Wrap z Ogórkiem, Kurczakiem i Mango

Czas przygotowania: 5 minut

czas zjeść: 20 minut

porcje: 1

Poziom trudności: Trudny

Treść:

- ½ średniego ogórka przeciętego wzdłuż
- ½ dojrzałego mango
- 1 łyżka wybranego sosu sałatkowego
- 1 arkusz tortilli pełnoziarnistej
- Kawałek piersi kurczaka o grubości około 1 cala i długości około 6 cali
- 2 łyżki oleju do smażenia
- 2 łyżki mąki pełnoziarnistej
- 2 do 4 liści sałaty
- Pieprz i sól do smaku

Znaczniki:

Pokrój pierś kurczaka w 1-calowe paski i ugotuj w sumie tylko 6-calowe paski. To jakby dwa paski kurczaka. Pozostałą część kurczaka zachowaj do późniejszego wykorzystania.

Kurczaka doprawiamy pieprzem i solą. Posypać mąką pełnoziarnistą.

Umieść małą patelnię z powłoką nieprzywierającą w gorącym oleju na średnim ogniu. Gdy olej się rozgrzeje, dodaj paski kurczaka i smaż do zrumienienia z każdej strony, około 5 minut.

Podczas gdy kurczak się smaży, włóż tortille do piekarnika i piecz przez 3 do 5 minut. Następnie zarezerwuj i przełóż na talerz.

Ogórka przekrój wzdłuż, użyj tylko połowy, resztę ogórka zachowaj. Ogórki obieramy w ćwiartki i usuwamy medalion. Połóż dwa plasterki ogórka na tortilli, 1 cal od krawędzi.

Pokrój mango, a drugą połowę zachowaj z nasionami. Mango bez pestek obierz, pokrój w paski i ułóż na ogórkach w tortilli.

Po ugotowaniu kurczaka układaj go kolejno obok ogórków.

Dodaj liść ogórka, skrop wybranym sosem sałatkowym.

Zawiń w papier tortilli, podawaj i ciesz się smakiem.

Wartość odżywcza (na 100 g): 434 kalorie 10 g tłuszczu 65 g węglowodanów 21 g białka 691 mg sodu

Fattoush – chleb z Bliskiego Wschodu

Czas przygotowania: 10 minut
czas zjeść: 15 minut
Porcje: 6
Poziom trudności: Trudny

Treść:

- 2 chleby pita
- 1 łyżka oliwy z oliwek z pierwszego tłoczenia
- 1/2 łyżeczki sumaka na później
- sól i pieprz
- 1 serce sałaty
- 1 ogórek angielski
- 5 rzymskich pomidorów
- 5 zielonych cebul
- 5 rzodkiewek
- 2 szklanki posiekanych świeżych liści pietruszki
- 1 szklanka posiekanych świeżych liści mięty
- <u>Składniki na dressing:</u>
- 1 1/2 limonki, sok
- 1/3 szklanki oliwy z oliwek z pierwszego tłoczenia
- sól i pieprz
- 1 łyżeczka mielonego sumaku
- 1/4 łyżeczki mielonego cynamonu
- tylko 1/4 łyżeczki zmielonego ziela angielskiego

Znaczniki:

Chleb Pita w tosterze na 5 minut. Następnie pokrój chleb pita na kawałki.

Na dużej patelni na średnim ogniu rozgrzej 3 łyżki oliwy z oliwek przez 3 minuty. Dodaj chleb pita i gotuj, mieszając, aż się zrumieni, około 4 minut.

Dodać sól, pieprz i 1/2 łyżeczki sumaka. Zdejmij chipsy pita z ognia i odsącz je na ręcznikach papierowych.

W dużej misce sałatkowej wymieszaj posiekaną sałatę, ogórki, pomidory, dymkę, pokrojone rzodkiewki, liście mięty i pietruszkę.

Aby przygotować winegret limonkowy, wymieszaj wszystkie składniki w małej misce.

Dodaj sos do sałatki i dobrze wymieszaj. Wymieszaj chleb pita.

Podawaj i ciesz się.

Wartość odżywcza (na 100 g): 192 kalorie 13,8 g tłuszcz 16,1 g węglowodany 3,9 g białko 655 mg sód

Bezglutenowe odmiany czosnku i pomidorów

Czas przygotowania: 5 minut
czas zjeść: 20 minut
Porcje: 8
Poziom trudności: Trudny

Treść:

- 1 jajko
- ½ łyżeczki soku z cytryny
- 1 łyżka miodu
- 4 łyżki oliwy z oliwek
- szczypta cukru
- 1 ¼ szklanki ciepłej wody
- 1 łyżka aktywnych suchych drożdży
- 2 łyżeczki rozmarynu, posiekanego
- 2 łyżeczki tymianku, posiekanego
- 2 łyżeczki bazylii, posiekanej
- 2 ząbki czosnku, posiekane
- 1 ¼ łyżeczki soli morskiej
- 2 łyżeczki gumy ksantanowej
- ½ szklanki mąki jaglanej
- 1 szklanka skrobi ziemniaczanej, nie mąki
- 1 szklanka mąki sorgo
- Bezglutenowa mąka kukurydziana do posypania

Znaczniki:

Włącz piekarnik na 5 minut, a następnie zamknij drzwiczki piekarnika, pozostawiając je zamknięte.

Wymieszaj ciepłą wodę i odrobinę cukru. Dodać drożdże i delikatnie wymieszać. Odstaw na 7 minut.

W dużej misce wymieszaj zioła, czosnek, sól, gumę ksantanową, skrobię i mąkę. Gdy drożdże przejdą fermentację, wsypujemy je do miski z mąką. Jajka ubić z sokiem z cytryny, miodem i oliwą z oliwek.

Dobrze wymieszaj i włóż do dobrze natłuszczonej kwadratowej formy pokrytej masalą. Posyp świeżym czosnkiem, większą ilością ziół i pokrojonymi w plasterki pomidorami. Wstawiamy do nagrzanego piekarnika i zostawiamy na pół godziny.

Ustaw piekarnik na 375oF i po rozgrzaniu przez 20 minut. Focaccia jest gotowa, gdy wierzch jest lekko złocisty. Natychmiast wyjmij z piekarnika i formy i pozostaw do ostygnięcia. Najlepiej podawane na gorąco.

Wartość odżywcza (na 100 g): 251 kalorii 9 g tłuszczu 38,4 g węglowodanów 5,4 g białka 366 mg sodu

Burgery z grillowanymi grzybami

Czas przygotowania: 15 minut
czas zjeść: Dziesięć minut
Porcje: 4
Poziom trudności: średni

Treść:

- 2 sałaty Bibb, przekrojone na połówki
- 4 plasterki czerwonej cebuli
- 4 plasterki pomidorów
- 4 tortille pełnoziarniste, smażone
- 2 łyżki oliwy z oliwek
- ¼ łyżeczki pieprzu cayenne, opcjonalnie
- 1 ząbek czosnku, posiekany
- 1 łyżka cukru
- ½ szklanki wody
- 1/3 szklanki octu balsamicznego
- 4 duże kapelusze grzybów Portobello o średnicy około 5 cali

Znaczniki:

Usuń łodygi z grzybów i wytrzyj je wilgotną szmatką. Przełożyć na blachę do pieczenia blaszką do góry.

W misce dobrze wymieszaj oliwę z oliwek, czerwoną paprykę, czosnek, cukier, wodę i ocet. Polać grzybami i wstawić do lodówki na co najmniej godzinę.

Włączając timer, rozgrzej grill na średnim ogniu i nasmaruj go tłuszczem.

Smaż grzyby przez pięć minut z każdej strony lub do miękkości. Posyp grzyby marynatą, aby zapobiec ich wyschnięciu.

Aby złożyć, połóż ½ bochenka na talerzu, połóż na nim plaster cebuli, grzybów, pomidorów i liść sałaty. Przykryj drugą górną połówką chleba. Powtórz proces z pozostałymi składnikami, podawaj i ciesz się smakiem.

Wartość odżywcza (na 100 g): 244 kalorie 9,3 g tłuszczu 32 g węglowodanów 8,1 g białka 693 mg sodu

Śródziemnomorska Baba Ganoush

Czas przygotowania: 10 minut
czas zjeść: 25 minut
Porcje: 4
Poziom trudności: średni

Treść:

- 1 główka czosnku
- 1 czerwona papryka, przekrojona na pół i pozbawiona nasion
- 1 łyżka świeżej posiekanej bazylii
- 1 łyżka oliwy z oliwek
- 1 łyżeczka czarnego pieprzu
- 2 bakłażany, przekrojone wzdłuż
- 2 pita lub pita
- sok z 1 cytryny

Znaczniki:

Posmaruj grill sprayem do gotowania i rozgrzej go do średniej mocy.

Odetnij czubek główki czosnku i zawiń ją w folię aluminiową. Umieścić na najzimniejszej stronie grilla i grillować przez co najmniej 20 minut. Połóż paprykę i plasterki bakłażana na najgorętszej stronie grilla. Grilluj z obu stron.

Gdy cebule będą już gotowe, usuń skórkę ze smażonego czosnku, a oczyszczony czosnek włóż do robota kuchennego. Dodać oliwę, paprykę, bazylię, sok z cytryny, pieczoną czerwoną paprykę i pieczonego bakłażana. Zmiksować i wlać do miski.

Grilluj przez co najmniej 30 sekund z każdej strony, aby chleb się rozgrzał. Podawaj chleb z puree z sosu i ciesz się smakiem.

Wartość odżywcza (na 100 g): 231,6 kalorii 4,8 g tłuszczu 36,3 g węglowodanów 6,3 g białka 593 mg sodu

Bułeczki wieloziarniste i bezglutenowe

Czas przygotowania: 10 minut

czas zjeść: 20 minut

Porcje: 8

Poziom trudności: średni

Treść:

- ½ łyżeczki octu jabłkowego
- 3 łyżki oliwy z oliwek
- 2 jajka
- 1 łyżeczka proszku do pieczenia
- 1 łyżeczka soli
- 2 łyżeczki gumy ksantanowej
- ½ szklanki skrobi z tapioki
- ¼ szklanki brązowej mąki teff
- ¼ szklanki mąki lnianej
- ¼ szklanki mąki amarantowej
- ¼ szklanki mąki sorgo
- ¾ szklanki mąki pełnoziarnistej

Znaczniki:

W małej misce dobrze wymieszaj wodę z miodem i dodaj drożdże. Pozostaw na dokładnie 10 minut.

W mikserze łopatkowym połącz następujące składniki: proszek do pieczenia, sól, guma ksantanowa, mączka lniana, mąka z sorgo, mąka teff, skrobia z tapioki, mąka amarantusowa i mąka z brązowego ryżu.

W średniej misce wymieszaj ocet, oliwę z oliwek i jajka.

Do miski z suchymi składnikami wlać mieszaninę octu i drożdży i dobrze wymieszać.

Posmaruj formę do muffinów na 12 muffinów sprayem kuchennym. Rozłóż ciasto równomiernie do 12 foremek na muffinki i odstaw na godzinę.

Następnie rozgrzej piekarnik do 100°F i piecz bułeczki przez około 20 minut, aż ich wierzch będzie złotobrązowy.

Natychmiast wyjmij muffiny z piekarnika i foremki na muffinki i pozostaw je do ostygnięcia.

Najlepiej podawane na gorąco.

Wartość odżywcza (na 100 g): 207 kalorii 8,3 g tłuszczu 27,8 g węglowodanów 4,6 g białka 844 mg sodu

linguine z owocami morza

Czas przygotowania: 10 minut

czas zjeść: 35 minut

Porcje: 2

Poziom trudności: Trudny

Treść:

- 2 ząbki czosnku, posiekane
- 4 uncje linguini, pełnoziarnistej
- 1 łyżka oliwy z oliwek
- 14 uncji pomidorów z puszki i posiekanych
- 1/2 łyżki szalotki, posiekanej
- 1/4 szklanki białego wina
- Sól morska i pieprz do smaku
- 6 ostryg wiśniowych, obranych
- 4 uncje tilapii, pokrojonej w 1-calowe paski
- 4 uncje suszonych przegrzebków
- 1/8 szklanki parmezanu, startego
- 1/2 łyżeczki majeranku, posiekanego i świeżego

Znaczniki:

Doprowadź wodę do wrzenia w garnku, następnie ugotuj makaron do miękkości, co zajmie około ośmiu minut. Odcedź makaron, a następnie spłucz.

Rozgrzej oliwę na dużej patelni na średnim ogniu, a gdy oliwa będzie gorąca, dodaj czosnek i szalotkę. Gotuj przez minutę i często mieszaj.

Dodaj sól, wino, pieprz i pomidory i zwiększ ogień do średniowysokiego, zanim doprowadzisz do wrzenia. Gotuj przez kolejną minutę.

Następnie dodaj ostrygi, przykryj i gotuj przez kolejne dwie minuty.

Następnie dodaj mąkę kukurydzianą, małże i rybę. Kontynuuj gotowanie, aż ryba będzie w pełni ugotowana, a ostrygi otwarte. Zajmuje to około pięciu minut. Nieotwarte ostrygi wyrzuć.

Przed podaniem polej makaron sosem i ostrygami, posyp parmezanem i natką pietruszki. Podaje się na gorąco.

Wartość odżywcza (na 100 g): 329 kalorii 12 g tłuszczu 10 g węglowodanów 33 g białka 836 mg sodu

www.ingramcontent.com/pod-product-compliance
Lightning Source LLC
Chambersburg PA
CBHW071335110526
44591CB00010B/1156